GEORG ROEBER · DIE URHEBERSCHAFT AM FILM

Schriftenreihe der UFITA Heft 3

Archiv für Urheber-, Film-, Funk- und Theaterrecht

Herausgegeben von Dr. jur. Georg Roeber, München

Georg Roeber

DIE URHEBERSCHAFT AM FILM

Probleme und Aufgaben der Rechtsreform

VERLAG FÜR ANGEWANDTE WISSENSCHAFTEN

BADEN-BADEN 1956

Druck: F. W. Wesel, Baden-Baden

Inhaltsverzeichnis

Vorwort

Im gleichen Jahre 1895 führten getrennt voneinander die Gebrüder Lumière in Paris und die Gebrüder Skladanowsky in Berlin zum ersten Male öffentlich Filme vor. Seitdem sind mehr als 6 Jahrzehnte vergangen. Der Film ist aus einer gelegentlichen Schaustellung zu einer festen Institution unseres gesellschaftlichen Lebens geworden.

Schon bei der Geburt des Films stand die Technik Pate. Sie hat mit der Entwicklung des Films Schritt gehalten. Man könnte sagen, sie hat diese Entwicklung überhaupt erst ermöglicht.

Den Älteren von uns wird noch bekannt sein, daß zum Stummfilm das jeweilige Filmtheater fallweise die Begleitmusik zusammenstellte und original spielen ließ. Damals waren die Filmtheaterbesitzer Filmvorführer und außerdem Musikveranstalter. Die Technik des Tonfilms ermöglichte die Hereinnahme der Musik und des gesprochenen Wortes in den Film. An die Stelle der Musikkapelle des einzelnen Filmtheaters trat der Tonfilm mit der in ihm für alle Vorführungen und Vorführungsstätten einheitlich festgelegten Musik. Das Filmtheater wurde zur reinen Filmvorführungsstätte.

Der historisch und sozial begründete Anspruch auf Zahlung von Aufführungstantiemen aber blieb und wurde zu einem filmrechtlichen Konstruktionsproblem. Er entwickelte sich von der Tonfilmmusik aus in die Breite. Was dem Komponisten recht ist, erschien den anderen Urhebern billig. Wo die Grenzen zu ziehen sind, insbesondere gegenüber einer Vielzahl der allein schon am Drehbuchkomplex entweder originär oder als Miturheber oder als Bearbeiter literarisch beteiligten Autoren und gegenüber der Vielzahl der im Vorgang der Entstehung des Filmwerkes in einer Vielzahl unterschiedlicher Tätigkeitskategorien schöpferisch mitwirkenden Personen (Filmschaffenden), ist ein derzeit noch offenes Problem.

Die Entwicklung führte zum Farbfilm. Der plastische Film warf seine Schatten voraus. Man wird kaum in der Annahme fehl gehen, daß der farbige Tonfilm auch fortan die beherrschende Form der kinematographischen Darstellung bilden wird. In welchen anderen Formen sich der Film noch zeigen wird, läßt sich nicht sagen. Für die Television aber ist der Film schon jetzt ein Objekt der Wiedergabe. Ob die Television sich für den Film aus einer bloß zusätzlichen Auswertung zur Normalform der Auswertung entwickeln wird, steht dahin.

So bedeutsam in den 6 Jahrzehnten der gesellschaftlichen Existenz des Films seine künstlerische und technische Entwicklung gewesen ist, so wenig befriedigend waren die Ergebnisse seiner rechtlichen Erfassung. Die einen sahen in ihm eine bloße Vervielfältigung oder das filmische Ausdrucksmittel der für seine Entstehung benutzten Werke. Durch Vervielfältigung aber entsteht kein neues Werk, und bei einer Identifizierung des Filmurhebers mit Personen aus dem Kreise der Urheber filmisch benutzter Werke wäre mit der rechtlichen Eigenbedeutung des Filmwerkes auch der spezifische Charakter des filmischen Werkschaffens negiert. Andere sahen im Film das werkmäßige Ergebnis einer Bearbeitung, bemühten sich aber vergebens darum, zu klären, in wessen Person das Urheberrecht am Filmwerk entsteht. Drehbuchautor, Filmkomponist, Regisseur und noch manche andere Person standen einzeln oder gruppenweise im Wettbewerb um die Zuerkennung der Filmurheberschaft. Dem Bewußtsein des rechtlichen Unvermögens, den Urheber des Filmwerkes überhaupt oder eindeutig zu bestimmen, entsprang die Vorstellung, den Film außerhalb des Urheberrechts nach bloßem Leistungsschutz zu behandeln, womit sich von selbst die Filmurheberschaftsfrage erledigt hätte.

Solange der Film Stummfilm war, ließ sich noch die Auffassung vertreten, er sei urheberrechtlich als ein Werk der Literatur zu klassifizieren. Der Tonfilm aber hat diese Vorstellung von Grund auf zerstört. Wenn die Musik als ein Werk der Tonkunst zum Bestandteil des Filmwerkes geworden ist, kann das filmische Gesamtwerk nicht selbst ein Werk der Literatur sein.

Die Praxis half sich in der Weise, daß sich der Filmhersteller, was man ihm oft genug übelnahm, alle nur möglichen Rechte übertragen ließ, um das Filmwerk für die Vorgänge seiner Auswertung rechtlich zu sichern. Beim Tonfilm war dies nicht einmal mehr im Bereiche der vermögensrechtlichen Befugnisse für die eigens im Auftrage des Filmherstellers geschaffene Musik mehr zu erreichen. Unabhängig davon ist beim Urheber das droit moral verblieben. Die Rechtsprechung hat das droit moral zu einer Grundfigur des Urheberrechts entwickelt. Die Gesetzgebung hat, nicht zuletzt unter Geltung des internationalen Rechts (RBÜ seit der Romfassung) nachgezogen. Es gehört zum festen Bestand des Urheberrechts und zur unumstößlichen Erkenntnis seines Wesens, daß das droit moral, trotz Veräußerung einzelner oder sogar aller vermögensrechtlichen Werkbefugnisse, dem Urheber verbleibt. Aus dem droit moral aber resultiert der Verbotsanspruch. Unter Geltung eines solchen Anspruches erweist sich bei der Vielzahl der urheberrechtlich an den benutzten Werken und an Filmwerken beteiligten Personen, die angesichts der Unklarheit in der Filmurheberschaftsfrage nicht einmal von vornherein bekannt sind (Wenzel Goldbaum sprach von „versteckten Urheberrechten"), eine lediglich abgeleitete Rechtsstellung des Filmherstellers als ungenügend für die Sicherheit des Filmwerkes.

Rechtslogik und Verkehrsbedürfnis gebieten, daß das Urheberrecht am Filmwerk für den Filmhersteller erwächst. Die Rechtsdogmatik aber will es anders. Der Filmhersteller ist für den Regelfall eine juristische Person. Er ist ein Unternehmer und als solcher vorwiegend wirtschaftlich tätig. Die Rechtsprechung hatte sich mit diesem Problem zu befassen. Sie hat trotz entgegenstehender Schwierigkeiten in Deutschland der Auffassung vom originären Urheberrecht des Filmherstellers zur Geltung verholfen. Die immer stärkere Herausbildung der persönlichkeitsrechtlichen Stellung des Menschen und die Entwicklung, die schließlich zur Anerkennung eines allgemeinen Persönlichkeitsrechts geführt hat, schien die Richtigkeit einer rechtsdogmatisch unbeirrbaren Ablehnung des originären Urheberrechts für den Filmhersteller zu bestätigen. Die Forderung, der Urheber habe im Mittelpunkt des Urheberrechts zu stehen, erhielt einen neuen Auftrieb. Gegen diese Forderung läßt sich nichts einwenden. Sie ist richtig und notwendig, und trotzdem ist mit der natürlichen Person des Urhebers und mit der urheberrechtlich zu schützenden Werkform der Einzelschöpfung allein nicht mehr auszukommen. Der Film selbst ist der sprechende Beweis für die Richtigkeit dieser Feststellung. Schon bahnen sich über Hörfunk und Fernsehen weitere Formen eines kollektiven Werkschaffens an, worüber in zeitlicher und sachlicher Parallele zur vorliegenden Betrachtung Haeger in einer interessanten Abhandlung das Nähere ausgeführt hat (Ufita Bd. 22 S. 55 ff.).

Eine solche Entwicklung im urheberrechtlichen Werkschaffen ist dadurch gekennzeichnet, daß es jetzt Werke gibt, die nicht mehr der Urheber einzeln und auch nicht gemeinsam mit anderen Urhebern von sich aus zu schaffen in der Lage ist. Solche Werke entstehen zwar durch die Erbringung urheberrechtlich bedeutsamer Einzelleistungen, aber keinem der Erbringer solcher Leistungen kann in seiner Person das werkmäßige Gesamtergebnis eines solchen Schaffens zugerechnet werden.

Mit dem Film ist neben die urheberrechtliche Einzelschöpfung von früher die urheberrechtliche Kollektivschöpfung getreten. Wirtschaft, Technik, Kunst und vorhandenes Urheberrechtsgut durchdringen sich im Schmelzkessel des Filmschaffens. Aus diesem Schaffensprozeß erwächst der Film als ein Werk, das gegenüber den für seine Entstehung benutzten Werken und erbrachten Leistungen ein *novum* und ein *aliud* ist.

Der Film wurde zum Prototyp der Kollektivschöpfung, ohne daß aber der Film bisher als rechtliche Kollektivschöpfung behandelt worden wäre, kaum daß er überhaupt in dieser Bedeutung erkannt wurde. Die geltenden Gesetze kennen zwar die Rechtsfigur der Miturheberschaft. Mit der Miturheberschaft aber ist dem Problem der Kollektivschöpfung in der Art des Films nicht beizukommen. Miturheberschaft beruht, wenn anders man nicht den Begriff der *collaboration* für das deutsche Rechtsdenken übernehmen will, auf einem bewußten Zusammenwirken der Beteiligten innerhalb der gleichen Art des Werkschaffens. Beim Drehbuchkomplex ist Miturheberschaft möglich, weil und wenn die Beteiligten innerhalb des literarischen Werkschaffens zusammenwirken. Beim Film aber laufen Beiträge aus dem literarischen, dem musikalischen, dem künstlerischen und dem spezifisch filmischen Werkschaffen zusammen, und solche Beiträge werden unabhängig voneinander und nacheinander erbracht. Das Drehbuch existiert vor dem Film. Die Musik wird auf den Film zugearbeitet. Der Schnitt des Films setzt ein, wenn die Tätigkeit anderer Filmschaffender, insbesondere der Darsteller, des Kameramanns, des Architekten und auch des Regisseurs, bereits beendet ist. Gerade darin unterscheidet sich der Film als Kollektivschöpfung von der auf Miturheberschaft beruhenden Einzelschöpfung.

Wir stehen also vor dem Ergebnis, daß in Gestalt des Films ein Werk gegeben ist, das mit Begriffen klassifiziert werden soll, die auf die Person des Urhebers einer Einzelschöpfung abgestellt sind. Diese Aufgabe ist schlechterdings nicht zu lösen. Nur so erklärt es sich auch, daß sie bisher nicht gelöst wurde. Sie läßt sich aber lösen, wenn die allgemeinen Rechtsbegriffe selbst dem Objekt der Klassifizierung angepaßt und demgemäß korrigiert werden. Der urheberrechtliche Werkbegriff wäre, damit das Filmwerk in der Bedeutung einer Kollektivschöpfung in ihm Platz hat, auf einen Urheberbegriff abzustimmen, der zusammen mit dem Urheber einer Einzelschöpfung auch den Urheber einer Kollektivschöpfung umfaßt. Dies wäre erreicht mit dem Grundbegriff des originären Rechtsträgers.

Wenn Begriffe des Urheberrechts reformbedürftig sind, kann schon aus diesem Grunde für die Beurteilung der Filmurheberschaftsfrage nicht von solchen Begriffen ausgegangen werden. Auch wäre es eine Verkennung der gesetzgeberischen Aufgabe und eine begriffsjuristische Überspitzung in der Lösung dieser Aufgabe, wollte man meinen, der Tatbestand des realen Lebens habe sich dem Rechtsbegriff zu fügen.

Die vorliegende Arbeit bemüht sich, aus der Eigenart und der Erkenntnis des tatsächlichen Sachvorgangs die rechtliche Problemlage zu entwickeln und die Schlußfolgerungen daraus für die gesetzliche Neuregelung zu ziehen. Würde nur das Filmrecht als solches revidiert, so würde mit dem Film eine Werkform urheberrechtlichen Begriffen eingefügt werden, die in der Sache nicht passen. Für eine Gesetzesform werden parallel auch allgemeine Begriffe des Urheberrechts so zu revidieren sein, daß in ihnen der Film sachgerecht und begriffsorganisch untergebracht ist. Durch Lösungen anderer Art würde der gegenwärtige Zustand der rechtlichen Unzulänglichkeit nur fortgesetzt werden. Es gilt aber, ihn durch Lösungen zu beenden, die dem tatsächlichen Sachvorgang rechtlich adäquat sind.

Während bisher noch vielfach die Auffassung vertreten war, daß es sich bei der Filmurheberschaftsfrage lediglich um einen rechtsdogmatischen Meinungsstreit handelt, wird durch die Gesamtentwicklung des Urheberrechts und durch die Entwicklung, die der Film selbst durchlaufen hat, deutlich, daß es sich bei der Filmurheberschaftsfrage um ein Problem von ebenso rechtsgrundsätzlicher, wie eminent praktischer Bedeutung handelt. Die Filmurheberschaftsfrage umschließt *in nuce* nahezu alle Grundfragen des Filmrechts, und in ihr brechen sich, wie im Brennpunkt einer Lupe, die beiden Begriffsstrahlen des allgemeinen Urheberrechts: *Werk und Urheber*, beides mit Geltung für den Film.

In diesem Sinne ist die vorliegende Schrift als ein Beitrag zur Gesamtreform des Urheberrechts gedacht.

München, im Juli 1956.

Georg Roeber

I. Abgrenzungen

Für Deutschland ist die Filmurheberschaftsfrage ein Problem des geltenden Rechts, weil eine gesetzliche Regelung fehlt, und ein Problem der Rechtsreform, weil eine gesetzliche Regelung zu treffen ist.

Die filmeigene Problemlage ergibt sich aus dem Sachvorgang. Aber die Probleme sind rechtlich unterschiedlich bezogen, je nachdem, ob geltendes Recht auf den Film anzuwenden oder ob auf den Film passendes Recht zu schaffen ist.

Unter geltendem Recht tritt die Gesetzeslücke dadurch hervor, daß der Film zwar als Werk urheberrechtlich geschützt ist, daß im Gesetz aber nicht bestimmt wurde, wer dieses Werk geschaffen hat und für wen es daher geschützt ist. Die Bestimmung des Urhebers hinkt der Rechtstatsache des Werkschutzes nach.

Die Entscheidung über die Person des Urhebers kann bei Anwendung des geltenden Rechts nur auf dessen Grundlage und in dessen Grenzen getroffen wurden. Grundlage und Grenzen ergeben sich durch die Gesetzesvorschriften und die das Gesetz beherrschenden Rechtsgedanken. Die Filmurheberschaft ist aber ein rechtliches Faktum des Sachvorgangs und nicht nur oder nicht primär eine Frage des Rechtsbegriffes. Bei Überprüfung der Problemlage zeigt sich, daß der Sachvorgang und die auf ihn anzuwendenden Begriffe des geltenden Rechts auseinander gehen und sich weitgehend widersprechen [1]).

Die Filmurheberschaft ist inzwischen zu einem unmittelbaren Problem der Rechtsreform geworden. Der Meinungsstreit hat dadurch seine frühere Bedeutung verloren. Der Erkenntnis der tatsächlichen Gegebenheiten und ihrer rechtlichen Beurteilung stehen keine zwingenden Begriffsschranken mehr entgegen. Es gilt nicht, den Sachvorgang und dessen Erscheinungen begrifflich zu deuten, sondern für den Sachvorgang und dessen Erscheinungen richtige Begriffe zu finden. Der Gesetzgeber hat mit der Aufgabe auch die Möglichkeit, Rechtsvorstellungen zu korrigieren und Rechtsbegriffe neu zu bilden, wenn

---

[1]) Zur Problemlage nach geltendem Recht: Vgl. Roeber, Das Filmrecht und die Frage seiner Reformbedürftigkeit. Carl Heymanns Verlag, Berlin, 1933; Sprenkmann Zum Filmurheberrecht. Carl Winters Universitätsbuchhandlung, Heidelberg, 1936.

anders nicht der Sachvorgang zu erfassen und den Erfordernissen entsprechend zu regeln ist[2]).

II. Die Problemlage

Der Sachvorgang ist durch ihm wesentliche Tatbestandsmerkmale gekennzeichnet. An solchen Merkmalen treten die Rechtsprobleme für den Sachvorgang hervor. Der sachgerechten Problemstellung entspricht die Aufgabe der Rechtsreform, sachgerechte Lösungen zu finden.

1. Urheberbegriff und Kollektivschaffen

Filme sind das werkmäßige Ergebnis eines organisationsgebundenen Kollektivschaffens[3]). Darin liegt die Eigenart des urheberrechtlichen Werkschaffens beim Film begründet und zugleich auch das Problem des Urheberrechtsbegriffes in seiner Geltung für den Film.

Das geltende Gesetz versteht unter „Urheber" die natürliche Einzelperson. Die beiden vom Gesetz zugelassenen Ausnahmen beschränken sich auf juristische Personen des öffentlichen Rechts (LitUG § 3, KSchG § 5) und auf Sammelwerke (LitUG § 4, KSchG § 6). Als Ausnahmen sind diese Bestimmungen eng auszulegen.

Eine Erstreckung des Urheberbegriffes oder eine Erstreckung der Ausnahmen auf eine andere als die traditionelle Form des urheberrechtlichen Werkschaffens stößt auf rechtsdogmatische Schwierigkeiten. Rechtsdogmatisch einwandfrei im Sinne des geltenden Gesetzes wäre die Filmurheberschaftsfrage nur zu lösen, wenn der Film eine Einzelschöpfung wäre, was er nicht ist, oder als Einzelschöpfung gedeutet würde, womit der Charakter des Kollektivschaffens negiert wäre.

Um die Schwierigkeiten schon in der Grundkonzeption auszuräumen, hätte der Gesetzgeber den Begriff des Urhebers und die Kollektivform des filmischen Werkschaffens miteinander in Einklang zu bringen.

---

[2]) Zur Problemlage für die Rechtsreform: Vgl. Roeber, Zur Filmrechtsreform in: Deutsche Juristen-Zeitung 1935, 473 ff.; ders., Filmrechtliche Grundfragen der deutschen Urheberrechtsreform in: Zeitschrift der Akademie für Deutsches Recht. 1935, 832 ff.; ders., Das Tonfilmproblem und die Brüsseler Staatenkonferenz in: Ufita 1936, 1 ff.; de Boor, Zur Reform des Filmrechts in: Zeitschrift der Akademie für Deutsches Recht. 1935, 830 ff.; Pfennig, Film und Urheberrechtsreform in: Zeitschrift der Akademie für Deutsches Recht. 1935, 826 ff. — Nach Wiederaufnahme der Reformarbeiten in der Nachkriegszeit vgl. von Metzler, Die urheberrechtliche Stellung des Filmunternehmers nach geltendem Recht und den Entwürfen zum neuen deutschen Urheberrechtsgesetz in: GRUR 1952, 13 ff.; Ulmer, Zur Neuregelung des Filmrechts in: GRUR 1952, 5; ders., Kinematographie und Urheberrecht in: Auslands- und Intern. Teil GRUR 1953, 182 ff.; ders., Ergänzender Bericht über Kinematographie und Urheberrecht in: Auslands- und Intern. Teil GRUR 1954, 206 ff.; ders., Zum Filmrecht des Entwurfs in: GRUR 1954, 493 ff.; ders., Grundfragen des Filmrechts in: GRUR 1955, 518 ff.; ders., Deutsche und französische Urheberrechtsreform in: Juristen-Zeitung 1955, 402 f. (dort über die Regelung des Filmrechts); Baum, Zur Neuregelung des Filmrechts in: GRUR 1952, 480 ff.; Roeber, Urheberrecht und Leistungsschutz beim Film in: Ufita Bd. 18 (1954), 9 ff.; ders., Der Film als Aufgabe und Gegenstand der Urheberrechtsreform in: Ufita Bd. 18 (1954), 283 ff.; Burkhardt, Pfennig, Werhahn, sämtlich zu den Filmrechtsvorschlägen des Ref. Entw. 54 in: Ufita Bd. 19 (1955), 162 ff. — Vgl. auch den aufschlußreichen Beitrag von des Ref. Entw. 54 in: Ufita Bd. 19 (1955), 162 ff. — Vgl. auch den nach Fertigstellung der vorliegenden Arbeit erschienenen Aufsatz von Haeger in: Ufita Bd. 22 (1956) S. 55 ff.

[3]) Ebenso vor allem: Willy Hoffmann, de Boor (hat sich zuletzt für bloßen Leistungsschutz ausgesprochen), Ruszkowski. Näheres darüber oben im Abschnitt III. 3 (S. 37 ff.).

2. Filmwerkbegriff und synchronistische Werkeinheit

Der Film ist eine synchronistische Werkeinheit von Bild und Ton. Die Tonfilmmusik gehört dieser Werkeinheit zu[4]).

„Film" im Sinne des geltenden Rechts ist aber nur der Stummfilm[5]). Die Werke der Tonkunst sind aus dem Filmwerk rechtlich ausgegliedert. Dann besteht zwar die Möglichkeit, den Film als ein Werk der Literatur zu klassifizieren und den Drehbuchverfasser zum alleinigen Urheber des Films zu deklarieren. Eine solche Lösung geht aber zu Lasten des Werkbegriffs. Die synchronistische Werkeinheit Film wäre rechtlich zerschlagen.

Der Gesetzgeber hätte einen Filmwerkbegriff zu schaffen, der alle Formen der kinematographischen Darstellung umschließt (Stummfilm, Tonfilm, Televisionsfilm, Farbfilm, plastischer Film), und der die synchronistische Werkeinheit für den Film auch rechtlich bestätigt.

3. Verfilmungswerke und Filmwerke

Für den Film werden andere Werke benutzt, und der Film selbst ist ein Werk. Dieser doppelseitigen Werkbeziehung entspricht eine doppelseitige Beziehung im Urheberbegriff.

Der Unterschied zwischen Filmwerk und filmisch benutztem Werk ist dem geltenden Recht bekannt. Filmschutz und Verfilmungsschutz betreffen unterschiedliche Werke und unterschiedliche Urheber.

Werden beim Tonfilm Drehbuchverfasser und Komponist im Bereiche der filmisch benutzten Werke von den anderen Urhebern solcher Werke abgesondert und in den Personenkreis der Filmurheberschaft einbezogen[6]), so werden die Begriffsgrenzen zwischen Filmschutz und Verfilmungsschutz verwischt. Entweder wären Drehbuchverfasser und Komponist in der doppelten Eigenschaft, Urheber eines

[4]) Die Auffassung von der Einheit des Filmwerkes wird mit besonderem Nachdruck vertreten von Willy Hoffmann (Literaturhinweise oben), de Boor aaO. S. 830; Caro in: Ufita 1931, 134 ff.; Roeber in: Ufita 1931, 55 ff., 282 ff.; Elster in: Ufita 1929, 271; Dienstag-Elster, Handbuch des deutschen Theater-, Film-, Musik- und Artistenrechts. Verlag Julius Springer, 1932, S. 120; Sprenkmann, aaO. S. 14, 88. — Für Ulmer ist der Tonfilm zwar eine Einheit von Bild und Ton, aber eine Einheit, die nicht dem Werkbegriff des Films zugehört, sondern erst außerhalb des Urheberrechts auf der Ebene eines bloßen Leistungsschutzes zustande kommt. „Während wir in der Sphäre des Urheberrechts nach wie vor Werke der Literatur, der Tonkunst und der bildenden Kunst zu trennen haben, entfällt diese Trennung im Gebiet des Leistungsschutzes. Hier macht sich die Einheit geltend, zu der die Werke beim Film in ihrer Wirkung verschmelzen." (Ulmer in GRUR 1952, 10); siehe auch Ulmer, Urheber- und Verlagsrecht, Springer-Verlag, Berlin, Göttingen, Heidelberg, 1951, S. 103. — Auch Runge, Urheber- und Verlagsrecht, Verlag Dümmler, Bonn, 1948/53, S. 260 ff. und Voigtländer-Elster-Kleine, Urheberrecht, Verlag Walter de Gruyter u. Co., Berlin, 1952, S. 20 negieren die urheberrechtliche Einheit des Films und nehmen statt dessen bloße Werkverbindung (§ 5 LitUG) an.

[5]) Vgl. Roeber in: Ufita 1933, 236.

[6]) So für den Drehbuchverfasser: Elster mit der Unterscheidung zwischen „Verfilmung" (Roman) und „Filmung" (Drehbuch) in: Urheber- und Erfinder-, Warenzeichen- und Wettbewerbsrecht, Verlag Walter de Gruyter u. Co., Berlin und Leipzig, 1928, S. 154; Dienstag-Elster, aaO. S. 106 ff.; Andritzky, Die Rechtsstellung des Drehbuchautors, Verlag Walter de Gruyter u. Co., Berlin u. Leipzig, 1931, S. 24: „Der Film ist gegenüber dem Drehbuch kein neues Werk." — Für Drehbuchverfasser und Komponist, gegebenenfalls Regisseur, als Miturheber des Films gemeinsam: Ulmer in: GRUR 1955, 518 ff., insbes. 522: „Das Urheberrecht am Drehbuch ist daher seinem Wesen nach nicht literarisches, sondern filmisches Urheberrecht."

filmisch benutzten Werkes und Urheber des Filmwerkes zu sein, auch doppelt geschützt (Verfilmungsschutz und Filmschutz), oder sie wären überhaupt nur als Urheber des Filmwerkes geschützt (Filmschutz), was zweierlei bedeuten kann: daß sie diesen Schutz nur dann haben, wenn der Film hergestellt wurde, oder daß sie ihn stets haben, also auch dann, wenn der Film nicht hergestellt worden ist.

Bei einer filmurheberschaftlichen Stellung von Drehbuchverfasser und Komponist ergäben sich Rückwirkungen auf den Werkcharakter des Films noch weit stärker, als wenn der Drehbuchverfasser allein zum Urheber des Films deklariert wird. Der Film ließe sich nicht einmal mehr als Werk der Literatur klassifizieren. Er hörte auf, ein eigenes Werk zu sein. Er würde zu einem technischen Mittel der Wiedergabe anderer Werke. An die Stelle des Filmwerkes und seiner Urheber träten filmisch benutzte Werke und deren Urheber. „Film" in diesem Sinne wäre verfilmtes Drehbuch und verfilmte Musik. Drehbuch und Musik verbänden sich „im" Film als dem gemeinsamen Ausdrucksmittel dieser Werke. Der Film würde zu einer Werkverbindung. Er entspräche rechtlich der Oper oder Operette [7]).

Für die Rechtsform ergibt sich das ebenso methodisch wie sachlich bedeutsame Problem, die filmurheberschaftliche Schnittlinie zu bestimmen. Trennt die Schnittlinie in Übereinstimmung mit dem Sachvorgang nach filmisch benutzten Werken und Filmwerk, so trennt sie mit den Werken auch zwischen den Urhebern dieser Werke. Das Filmwerk ist dann ein eigenes Schutzobjekt, ohne daß dadurch die Rechte der Urheber an den filmisch benutzten Werken berührt wären; Drehbuchverfasser und Komponist genießen als Urheber solcher Werke den Verfilmungsschutz. Wird dagegen in Vertauschung der tatsächlichen Vorgänge die Schnittlinie durch beide Bereiche von Werken gemeinsam gelegt, und werden in dieser Querschnittsebene Drehbuch und Musik von den anderen filmisch benutzten Werken abgetrennt, so ist der Weg freigelegt, Drehbuch und Musik in der Bedeutung von Filmbeiträgen dem Filmwerk urheberschaftlich zuzurechnen und mit „Film" zu identifizieren. Schutzobjekt wäre nicht mehr das Filmwerk, sondern das Werk „im" Film; die Urheber des Filmwerkes wären durch die Urheber solcher Filmbeiträge ersetzt.

Am Verlaufe der filmurheberschaftlichen Schnittlinie hätte sich das urheberrechtliche Schicksal des Films entschieden. Entweder wäre der

---

[7]) In dieser Richtung bewegen sich die Gedankengänge von Runge, aaO. S. 262, 267 f., Voigtländer-Elster-Kleine, aaO. S. 20, 96 und Baum in: GRUR 1952, 481 („Die Sache liegt durchaus nicht anders wie beim Zusammentreffen von Text und Musik bei einer Oper."). Am konsequentesten im Sinne einer bloßen Werkverbindung bei Ulmer durchgeführt. Siehe Ulmer, Urheber- und Verlagsrecht, S. 103 und in: GRUR 1952, 7 u. 12, sowie GRUR 1955, 520: „Der Film als Ganzes gesehen ist daher nicht Gegenstand eines einheitlichen Rechtes und kann es nicht sein . . . Oder anders ausgedrückt: Indem wir den Grundsatz vorausschicken, daß die Filmwerke geschützt sind, besagen wir, daß wir die Rechte der Personen schützen, aus deren Schöpfungen und Leistungen das Filmwerk erwächst."

Film „Werk" und hätte seine eigenen Urheber, oder der Film wäre eine Werkverbindung, und es gäbe statt Filmurheber, auch wenn sie als solche bezeichnet oder gedeutet werden, lediglich Urheber der „im" Film verbundenen Werke[8]).

Der Film aber ist ein eigenes Werk und keine in ihm dargestellte Verbindung fremder Werke. Diesem Ergebnis entspricht allein die Methode der rechtsbegrifflichen Trennung nach filmisch benutzten Werken und Filmwerk auch in der gesetzgeberischen Lösung der Frage der Filmurheberschaft.

4. Der Bereich der Filmurheberschaft

Der Film wird im Rahmen einer betrieblichen Organisation unter Anwendung technischer Mittel durch Erbringung künstlerischer Leistungen hergestellt. Für diesen Vorgang hat sich die Bezeichnung „Filmschaffen" durchgesetzt[9]). In der Bezeichnung kommt die urheberrechtliche Bedeutung des Vorganges zum Ausdruck. Gerade seine urheberrechtliche Bedeutung aber ist umstritten.

Liegt im Filmschaffen der Vorgang der Entstehung des Filmwerkes, so rechnet jede werkschaffende Tätigkeit, die der Zeit vor dem Drehbeginn zugehört, und die mit anderen als den spezifischen Einsatzmitteln des Films operiert, dem Vorstadium der Filmherstellung zu. Solche Formen einer urheberrechtlich bedeutsamen Tätigkeit dienen der Vorbereitung des Filmwerkes, bewirken aber nicht schon dessen Entstehung. Drehbuchverfasser und Komponist gehören als Urheber ihrer Werke diesem Vorstadium an[10]). Daran ändert nichts, daß Drehbuch und Musik im Auftrage des Filmherstellers für ein bestimmtes Filmvorhaben geschaffen werden. Auch bei einem zweckbestimmten Schaffen bleibt der Drehbuchverfasser ein literarischer und der Komponist ein musikalischer Autor. Beide schaffen Werke für den Film, aber sie schaffen kein Filmwerk.

Die technisch-künstlerischen Einsatzmittel des Films gewinnen bei einer solchen Betrachtung die urheberrechtliche Bedeutung von filmeigenen Formgebungsmitteln[11]). Unter dem Einsatz der Kamera (Bild, Ton, Farbe), der Bauten, der Darstellung, der Regie und des Schnitts verschmelzen im Vorgang des Filmschaffens die für den Film benutzten Werke der Literatur und der Tonkunst zu einer neuen Werkein-

---

[8]) Über die Bedeutung des Verlaufs der Schnittlinie vgl. Ulmer, GRUR 1955, 521.

[9]) Vgl. Roeber, Zum Rechtsbegriff „Filmschaffender" in: Ufita 1943, 386 ff., insbes. 399 ff.

[10]) Vgl. Roeber, Das Filmrecht und die Frage seiner Reformbedürftigkeit. S. 28 ff. — Ebenso: de Boor, Hoffmann, Pfennig, Werhahn, Sprenkmann und sämtliche deutschen Gesetzesentwürfe zur Urheberrechtsreform, insbes. der RefEntw. 1954. Begr. S. 217 f.

[11]) Vgl. Willy Hoffmann, Gedanken zum Urheberrecht am Tonfilm in: Juristische Wochenschrift, 1936, 1501: „Der Film oder besser das Filmen dagegen ist nicht Wiedergabe eines irgendwie existierenden Werkes, sondern ist das Formen dieses Werkes selbst mit filmischen Mitteln."

heit. Benutzte Werke und erbrachte Leistungen durchdringen einander und werden zu Bestandteilen des Gesamtwerkes „Film". Die Filmschaffenden befinden sich in der Stellung urheberrechtlich bedeutsamer Personen, aber sie sind darum nicht schon einzeln oder insgesamt auch Urheber des Filmwerkes.

Im Zusammenwirken der Beteiligten entsteht zwar das Filmwerk, aber jeder von ihnen vollbringt, wenn auch auf das werkmäßige Ergebnis des gemeinsamen Schaffens bezogen, nur Einzelleistungen, die sich der Kategorie und dem Grade nach von der des anderen unterscheiden[12]). Auch die Regie, obgleich sie den ganzen Film durchzieht und Einzelleistungen zusammenführt, ist die, wenn auch besonders geartete Leistung eben nur eines der insgesamt beteiligten Filmschaffenden. Die Regie ist auch nicht die zeitlich letzte Leistung des Filmschaffens. Auf sie folgen noch andere Leistungen, insbesondere der Schnitt, durch den der Film erst seine abschließende Werkgestalt erhält.

Auf Grund der Einzelleistungen kann aber keiner der Filmschaffenden das Urheberrecht am filmischen Gesamtwerk für sich in Anspruch nehmen. Wie das Gesamtwerk mehr und etwas anderes ist als die Summe der dafür erbrachten Einzelleistungen, so ist das Urheberrecht am Gesamtwerk mehr und etwas anderes als die Summe der an den Einzelleistungen begründeten Urheberrechte[13]). Darin liegt das Besondere der urheberschaftlichen Stellung der Filmschaffenden. Mit den Grundsätzen einer Bruchteilsgemeinschaft (LitUG § 6; KSchG § 8) wäre der Filmurheberschaftsfrage nicht einmal im Bereiche des Filmschaffens beizukommen[14]).

Wollte man einem einzelnen der insgesamt beteiligten Filmschaffenden die Urheberschaft am Filmwerk zuerkennen, so müßte man ihm die Leistungen aller übrigen in seiner Person zurechnen und solche Leistungen in der Person derjenigen negieren, die sie erbracht haben. Das gleiche gälte für den Fall der Beschränkung der Filmurheberschaft auf bestimmte Einzelpersonen des Filmschaffens.

Spräche man dem Filmschaffen, unabhängig von Person und Kategorie, die urheberrechtliche Bedeutung schlechthin ab[15]), so verlagerte man die Filmurheberschaftsfrage auf die Ebene eines Werkschaffens, das gerade mit anderen als den filmeigenen Formungsmitteln arbeitet. Wären solche Urheber die Urheber des Films, so wäre der Film vorhanden, ehe er entsteht, und ein solcher Urheber wäre der Urheber

[12]) Ebenso Willy Hoffmann aaO.; ders., Ein Deutsches Urheberrechtsgesetz, Verlag Franz Vahlen, Berlin, 1933, S. 32 ff.; ders.: Die Berner Übereinkunft zum Schutze von Werken der Literatur und Kunst, Verlag Julius Springer, Berlin, 1935, S. 222 ff., de Boor, Zeitschrift der Akad. f. Dtsch. Recht 1935, S. 831 f.

[13]) Vgl. Willy Hoffmann und de Boor gemäß vorstehender Fußnote 12.

[14]) de Boor aaO. S. 831 bezeichnet die positivrechtliche Ausgestaltung der Miturheberschaft als Bruchteilsgemeinschaft für „zu individuell gewählt und deshalb verfehlt".

[15]) So Ulmer in den angeführten Arbeiten.

(Miturheber) des Films auch dann, wenn er im Zeitpunkt der Herstellung des Films bereits verstorben war. Den Filmschaffenden käme die rechtliche Stellung von lediglich ausübenden Künstlern zu. Da dem Filmschaffen überhaupt jede urheberrechtliche Bedeutung abgesprochen wäre, könnten Personen des Filmschaffens, insbesondere der Regisseur, eine filmurheberschaftliche Stellung nur als Miturheber des Drehbuches oder der Musik oder eines anderen für den Film benutzten Werkes erlangen, nicht aber in ihrer Eigenschaft von Filmschaffenden, aus deren Zusammenwirken der Film hervorgeht[16]).

Die Tatsache, daß ein Film hergestellt wird, kann nur bedeuten, daß er erst unter dem Einsatz der ihm eigenen Formungsmittel als Werk entsteht. Dann aber ist die Filmurheberschaftsfrage auf den Bereich des Filmschaffens (Herstellungsvorgang) bezogen und bleibt auf ihn auch beschränkt. Da jeder der Filmschaffenden zwar Leistungen für die Zwecke der Entstehung eines Filmwerkes erbringt, keiner aber das Filmwerk als Ganzes schafft, steht der Gesetzgeber vor der Frage, ob er im Widerspruch zur Tatsache des Kollektivschaffens Allein- oder Miturheberschaft in der Person bestimmter Gruppen von Filmschaffenden aussprechen oder im Widerspruch zur Tatsache der Entstehung eines fimischen Gesamtwerkes den nur mit Einzelleistungen beteiligten Personen insgesamt das Urheberrecht am Filmwerk zuerkennen will.

Als rechtslogische Konsequenz einer Ablehnung sowohl der einen als auch der anderen Lösungsmöglichkeit ergibt sich zwingend die Anerkennung des originären Urheberrechts für den Filmhersteller[17]). Dieser ist die einzige urheberschaftsbezogene Person, die im Vorgange des Filmschaffens noch verbleibt, wenn die Filmschaffenden einzeln und insgesamt für die Urheberschaft am Filmwerk ausfallen. Er vereinigt in sich die Voraussetzungen, unter denen der Film in der Bedeutung eines Gesamtwerkes entsteht und verwertbar wird. Für ihn als Filmhersteller werden die Filmschaffenden insgesamt tätig; die von ihm bereitgestellte Betriebsorganisation umschließt den Gesamtvorgang der Vorbereitung und Entstehung des Filmwerkes; das Filmwerk ist das arbeitsmäßige Gesamtergebnis dieses Vorgangs, und es fällt in der doppelten Bedeutung, körperliches Substrat (Eigentum) und Geisteswerk (Urheberrecht) zu sein, in die ausschließliche Verfügungsgewalt des Filmherstellers, der aus dem Urheberrecht am Gesamtwerk die Auswertung des Films betreibt, womit sich überhaupt erst der Zweck der Filmherstellung erfüllt.

[16]) Ulmer räumt dem Regisseur eine ergänzende Autorenfunktion (Drehbuch) ein. Nur in diesem Sinne erkennt ihn Ulmer zusammen mit dem Drehbuchverfasser und dem Komponisten als Filmurheber an. Vgl. Ulmer aaO. GRUR 1955, 522 u. 525.

[17]) Schon Goldbaum, Urheberrecht und Urhebervertragsrecht, Verlag Georg Stilke, Berlin, 1927, S. 44 f., hatte beim Film auf die Schwierigkeit: Rechtsträger ohne Rechtsobjekt und Rechtsobjekt ohne Rechtsträger hingewiesen. Siehe dazu Roeber, Das Filmrecht und die Frage seiner Reformbedürftigkeit, S. 34 ff.

5. Miturheberschaft beim Film

Die Annahme einer gemeinsamen Filmurheberschaft ist an die Voraussetzungen des allgemeinen Begriffs der Miturheberschaft gebunden. Im Sinne des geltenden Rechts müßte ein gewolltes Zusammenwirken innerhalb der gleichen Kunstgattung vorliegen[18]. Diese Voraussetzungen könnten am ehesten im Vorgang des Filmschaffens gefunden werden, aber selbst dort steht die aufgezeigte Problematik der Annahme einer filmischen Miturheberschaft entgegen.

Die Tätigkeit des Drehbuchverfassers ist regelmäßig beendet, wenn die Dreharbeiten beginnen. Sollte im Ausnahmefall der Drehbuchverfasser noch während der Dreharbeiten tätig werden, so arbeitet er nicht als ein Filmschaffender mit den spezifischen Formgebungsmitteln des Films an dessen Entstehung, sondern als ein Verfasser mit den Mitteln der literarischen Formgebung an der Entstehung des Drehbuches. Der Komponist wird erst anschließend und in der Regel auch ohne Verbindung mit dem Drehbuchverfasser auf der Grundlage des Drehbuches oder des bereits im Rohschnitt vorliegenden Films musikschöpferisch tätig.

Für die Annahme einer filmischen Miturheberschaft zwischen Drehbuchverfasser und Komponist fehlt es also an den Voraussetzungen überhaupt jeder Miturheberschaft. Beide Urheber schaffen nicht gemeinsam; sie schaffen ohne gegenseitiges Einverständnis getrennt voneinander und nacheinander. Auch schaffen sie kein einheitliches Werk; jeder schafft nur sein eigenes Werk. Noch arbeiten sie innerhalb der gleichen Kunstgattung; sie werden literarisch (Drehbuchverfasser) oder musikalisch (Filmkomponist), in keinem Falle aber filmisch tätig. Um sie als Miturheber ansprechen zu können, müßte im Wege der Rechtsreform erst ein anderer Rechtsbegriff der Miturheberschaft geschaffen werden, etwa in der Art der französischen *collaboration,* von der aus Drehbuchverfasser, Komponist und Film-

---

[18]) Daß eine Zusammenarbeit von Urhebern in der gleichen Kunstgattung erforderlich ist, hat das Schweizer Bundesgericht in seinem Tonfilmurteil vom 16. März 1948 hervorgehoben (Ufita Bd. 19, 1955, S. 374). In diesem Sinne auch Baum in GRUR 1952, 481. Baum zog daraus den Schluß, daß diese Erkenntnis „wohl endgültig der Theorie von einem gemeinsamen Filmurheberrecht derjenigen Urheber, deren Werke im Film verwertet worden sind, ein Ende bereiten dürfte" (aaO. S. 481). Baum, der Ulmer zuzustimmen glaubte („Die Abhandlung von Ulmer ist nach meiner Auffassung schlechthin vollkommen."), konnte damals noch nicht wissen, daß er sich zu Ulmers späterer Filmurheberschaftsthese in unüberbrückbaren Gegensatz setzte, wenn er aus der Auffassung, der Film sei kein Werk, sondern eben eine Werkverbindung, von dieser Auffassung aus völlig zurecht, folgerte, daß dann die Urheber der im „Film" verwendeten Werke „keineswegs auch die Urheber des Filmwerks" sind (aaO. S. 483). — Ulmer hielt anfangs die Annahme eines Miturheberrechts beim Film für verfehlt und verwies zur Begründung gerade auf den allgemeinen Grundsatz, daß echtes Miturheberrecht originär nur durch gemeinsames Schaffen entsteht. Es sei nicht einzusehen, wie sich das Alleinurheberrecht des Drehbuchverfassers, des Komponisten usf. an seiner Schöpfung später in ein Miturheberrecht am Film verwandeln solle (Ulmer in: GRUR 1952, 7). Später deutete Ulmer die Werkverbindung (aaO., 12: „nur eine Werkverbindung") in ein „Filmwerk" um und erklärte Alleinurheber filmisch benutzter Werke in Gestalt von Drehbuchverfasser, Komponist usf. zu Miturhebern des Filmwerkes. Der Kreis der Filmurheber „decke sich" im wesentlichen mit den Urhebern der benutzten Werke, insbesondere dem Drehbuchverfasser, dem Dialogverfasser und dem Filmkomponisten (Ulmer in: GRUR 1954, 497 und Ulmers Gesetzesvorschlag für § 93 in: GRUR 1955, 525).

schaffende als *créateurs intellectuels* in filmurheberschaftliche Beziehungen zueinander gebracht werden könnten[19]).

Miturheberschaft zwischen Drehbuchverfasser und Regisseur ist auf der Grundlage eines gemeinsamen literarischen Schaffens möglich, wenn auch fallweise zu prüfen sein wird, ob der Regisseur — statt Miturheber — lediglich Bearbeiter des Drehbuches ist. Eine Miturheberschaft des Regisseurs an der Musik oder an einem sonstigen Werk (wie an Zeichnungen, Bauten, Bühnenbildern) wäre denkbar, aber kaum praktisch. Auch in solchen Fällen von Miturheberschaft läge ein Zusammenwirken stets nur innerhalb einer völlig anderen Kunstgattung als der des Filmes vor.

Der Filmhersteller ist von der Miturheberschaft nicht schon darum auszuschließen, weil er Filmhersteller ist[20]). Das Problem des eigenpersönlichen Schaffens beginnt erst bei der juristischen Person. Der Filmhersteller vermag auf jeder Ebene urheberrechtlichen Werkschaffens die Eigenschaft eines Miturhebers zu gewinnen. Als Anreger, Bringer der Idee und Mitgestalter des Stoffes befände er sich in der rechtlichen Stellung eines literarischen Autors, als Mitgestalter des Filmwerkes in der eines Filmschaffenden. Im ersteren Falle wird er mit den anderen Stoffwerkpersonen vorbereitend für die Entstehung des Filmwerkes tätig; im letzteren Fall wirkt er zusammen mit den anderen Filmwerkpersonen an der Entstehung des Filmwerkes mit. Solche Formen einer urheberrechtlich bedeutsamen Zusammenarbeit rechtfertigen zwar für den Filmhersteller das Vorliegen von Miturheberschaft, nicht aber berechtigen sie zu dem Schluß, daß dieserhalb in seiner Person das Urheberrecht am filmischen Gesamtwerk entsteht oder doch entstehen könnte. Als Miturheber ist der Filmhersteller nur eine Person mehr in der Problematik der Filmurheberschaft[21]), sei es, daß er zusammen mit anderen Personen eines literarischen Werkschaffens von der Filmurheberschaft ausgeschlossen ist, sei es, daß er zusammen mit anderen Personen des Filmschaffens in den Personenkreis der Filmurheberschaft tritt. Als Miturheber unterschiede er sich rechtlich in nichts von den anderen Miturhebern. Als

---

[19]) Über den Rechtsbegriff der „*collaboration*" und die Anwendung dieses Begriffs auf den Film vgl. Henri Desbois, Le droit d'auteur, Paris, 1950, S. 214 ff.; Paul-Daniel Gérard, Les auteurs de l'œuvre cinématographique et leurs droits. Paris, 1953, S. 107 ff.; Georges Becquet, Le droit des auteurs en matière de cinéma, Paris, 1947, S. 41 ff., 55 ff. — Der derzeit der Nationalversammlung vorliegende Entwurf eines französischen Urheberrechtsgesetzes (Ufita Bd. 20, S. 75 ff.) regelt die Filmurheberschaftsfrage ebenfalls aus der Rechtsvorstellung der „collaboration" durch Miturheberschaft (Art. 9, Art. 10 in Verb. mit Art. 14). Vgl. dazu Desbois in: Ufita Bd. 20 (1955), S. 9 ff.

[20]) Elster, aaO. S. 160 f. und in: Ufita 1933, 187, läßt für den Filmhersteller Miturheberschaft zu. Ebenso Dienstag-Elster, aaO. S. 109 ff. und Koch in: Ufita 1934, 263. — Im Schrifttum der Nachkriegszeit ebenso: Runge aaO. S. 264 f. und Voigtländer-Elster-Kleine aaO. S. 96.

[21]) Ruszkowski, Der Urheber des Filmwerkes in: Ufita 1936, S. 168 f.: „Auch genügt es nicht, daß man dem Hersteller des Films ein Miturheberrecht am Filmwerk zuerkennt, denn das bedeutet nichts weiter, als daß auf der Liste derjenigen, die ein Urheberrecht am Filmwerk beanspruchen, noch eine Person steht."

Träger eines originären Urheberrechts am Filmwerk aber befände er sich in der Stellung eines Alleinurhebers. Wer Miturheber ist, kann schon darum nicht der Alleinurheber desselben Werkes sein, und aus der Fähigkeit, Miturheber zu sein, könnte für den Filmhersteller die Alleinurheberschaft nur erwachsen, wenn er alle Funktionen des filmischen Werkschaffens in eigener Person ausübt. Dies mag in den Anfangszeiten des Films der Fall gewesen sein und für den Kultur-, Dokumentar- und Werbefilm auch heute noch vereinzelt zutreffen. Die Herstellung von Spielfilmen unserer Zeit aber beruht ausschließlich auf dem Kollektivschaffen und dem Prinzip der getrennten Funktionen. Mit Formen einer eigenpersönlichen Miturheberschaft läßt sich für den Filmhersteller das Urheberrecht am filmischen Gesamtwerk weder erklären, noch herleiten, und es läßt sich auch nicht die Filmurheberschaftsfrage für die juristische Person und damit für den Regelfall der Filmherstellung lösen. Würde aber zugelassen, daß auch eine juristische Person Miturheber sein kann, so wäre kein Grund ersichtlich, warum die Lösung der Filmurheberschaftsfrage nicht von vornherein und allein auf den Filmhersteller abgestellt werden sollte.

6. Tantiemeanspruch und Filmurheberschaft

Filme werden vorgeführt. Darin vollzieht sich ihre Auswertung, und darin auch liegt der Zweck ihrer Herstellung. Das Recht zur öffentlichen Vorführung erweist sich als die eigentliche Nutzungsbefugnis aus dem Urheberrecht am Film. Die Rechte zur Vervielfältigung und zur gewerbsmäßigen Verbreitung betreffen Vorgänge, die lediglich die Vorführung des Films ermöglichen und die keine selbständige Bedeutung haben. Sie sind Behelfsrechte im Dienste der öffentlichen Vorführung[22]).

Mit dem Vorführungsrecht am Film kollidiert aber der Tantieme-/Verbotsanspruch, der sich unter dem geltenden Recht für die Tonfilmmusik in fast allen Ländern durchgesetzt hat[23]). Ein solcher Anspruch leitet sich als Zahlungs- und Verbotsanspruch aus der Tatsache der filmischen Benutzung urheberrechtlich geschützter Musik her. Er betrifft die Vorführung des Films und wird über die musikalische Verwertungsgesellschaft (Gema) zusätzlich zum Verfilmungsvertrag geltend gemacht, mit dem der Filmhersteller das Recht erwirbt, die Musik für den Film zu verwenden.

---

[22]) Vorführungsrecht als Hauptinhalt des Filmverwertungsvertrages: Siehe RGZ 106, 364 f.; 118, 288 ff.; BGHZ 2, 331 ff. = Ufita Bd. 18 (1954), S. 122 ff.; 5, 120 ff.; 9, 262 ff. Auch vom Bundesfinanzhof anerkannt mit Urteil vom 25. Februar 1955 in: Bundessteuerblatt, 1955. III S. 96 ff.

[23]) Durch die Rechtsprechung anerkannt u. a. in Deutschland mit Tonfilmurteil in: RGZ 140, 231 ff. = Ufita 1933 S. 237 ff.; in der Schweiz mit Tonfilmurteil des Bundesgerichts in: Ufita Bd. 19, S. 374 ff.; in den Niederlanden mit Tonfilmurteil des Hoge Raad: siehe GRUR 1951, 149 ff. — Durch Gesetz anerkannt u. a. in Österreich (über den Filmwerkbegriff) und in Italien (durch ausdrückliche Gesetzesvorschrift).

Der Tantieme-/ Verbotsanspruch ist seiner Herleitung nach ein Anspruch aus dem Verfilmungsrecht, das für die Tonfilmmusik, um diesen Anspruch zu ermöglichen, in ein Herstellungs- und ein Aufführungsrecht zerspalten wurde. Die Filmurheberschaft bleibt auch dann noch von der Existenz und der rechtlichen Konstruktion eines solchen Anspruches unberührt. Der Tantiemeanspruch besagt lediglich, daß der Film aus dem daran bestehenden Urheberrecht allein noch nicht vorgeführt werden kann. Für den Fall, daß der Tantiemeanspruch auch auf andere Arten filmisch benutzter Werke, insbesondere das Drehbuch, erstreckt werden sollte, gälte nach Herleitung und Konstruktion das gleiche wie bei der Tonfilmmusik.

Die Filmurheberschaftsfrage läßt sich auch gesetzlich völlig unabhängig von der Tantiemefrage regeln. Sollte aber durch Gesetz dem Drehbuchverfasser und dem Komponisten die Urheberschaft am Film zuerkannt werden, so ließe sich der Tantiemeanspruch ebenso gut aus der Filmurheberschaft herleiten und konstruieren. Notwendig wäre dies freilich nicht.

Im Unterschied dazu wäre ein Tantiemeanspruch der Filmschaffenden, wenn er gewährt werden sollte, urheberrechtlich nur im Bereiche der Filmurheberschaft oder außerhalb der Filmurheberschaft nur im Bereiche des Leistungsschutzes (ausübende Künstler) zu fundieren. Ob ein gesetzlicher Tantiemeanspruch der Filmschaffenden insgesamt oder einzelner von ihnen gerechtfertigt wäre, ist eine Frage, die gegebenenfalls noch gesondert zu prüfen wäre [24]). Im Rahmen der vorliegenden Betrachtungen sind lediglich die Auswirkungen zu erörtern, die ein Tantieme-/ Verbotsanspruch als solcher auf die Filmurheberschaft und die Formen ihrer gesetzlichen Regelung hätte.

7. Rechtliche Doppelstellung des Filmherstellers

Der Filmhersteller handelt für die Auswertung des Films in einer rechtlichen Doppelstellung, die er einerseits aus dem Verfilmungsschutz, andererseits aus dem Filmschutz bezieht.

Für das filmisch benutzte Werk hat der Filmhersteller, wenn er nicht selbst der Urheber dieses Werkes ist, nur eine abgeleitete Rechtsstellung. Er ist Rechtsnachfolger im Verfilmungsschutz. Dies ermöglicht ihm, den Film aus dem daran bestehenden Urheberrecht auszuwerten. Der Filmhersteller hat das Verfilmungsrecht lediglich für die Zwecke der Auswertung des Films zu erwerben. Ob das Erfordernis des Rechtserwerbs auch schon auf den Vorgang der Herstellung des Films zu erstrecken ist, ist eine Frage der Rechtsreform.

---

[24]) Ein solcher Anspruch wurde von allen bisherigen Gesetzesentwürfen verneint, auch vom RefEntw. 54 (Begründung S. 226). — Im neueren Schrifttum verneint von Ulmer in: GRUR 1952, 11, von ihm zur abschließenden Klärung offengehalten in: GRUR 1955, 526 (Bemerkung zu § 97).

Für den Bereich des Filmschaffens läßt sich der Hersteller von den arbeitsrechtlich gebundenen Filmschaffenden die in ihrer Person etwa entstehenden Nutzungsrechte, gleichviel welcher Art, übertragen (Urheberrechte, Leistungsschutzrechte, Eigentumsrechte). Er begegnet damit vorsorglich den Ungewißheiten und Schwierigkeiten der derzeit noch gegebenen Rechtslage.

Bei einer lediglich abgeleiteten Rechtsstellung des Filmherstellers ist der Film rechtlich nur bedingt gesichert. Die Gefahren für die rechtliche Sicherheit ergeben sich nicht so sehr aus den personellen Voraussetzungen des Vertragsabschlusses (wie Nichtigkeitsfolge wegen Nichtbeachtung der Minderjährigkeit, bei Handlungsunfähigkeit und dgl. m.), als vielmehr aus der Möglichkeit der Geltendmachung von Verbotsansprüchen, sei es aus nicht mitübertragenen Nutzungsrechten (wie bei der Tonfilmmusik), sei es aus dem droit moral des Urhebers. Die Vertragspraxis findet, auch wenn sämtliche Rechte auf den Filmhersteller übergegangen wären, zwangsläufig ihre Grenzen am droit moral, das grundsätzlich unübertragbar und unverzichtbar ist[25]).

Die Verbotsansprüche treffen in der Regel den Film als Ganzes, obschon der Filmhersteller mit jedem der Berechtigten bereits Vertragsbeziehungen unterhält, oder sie lösen, was in Fragen des droit moral bedenklich genug ist, Zahlungen des Filmherstellers zwecks Abwehr des Verbots aus.

Ansprüche aus dem droit moral belasten die rechtliche Sicherheit des Films unterschiedlich stark, je nachdem, ob sie dem Verfilmungsschutz oder dem Filmschutz zugehören. Die Urheber filmisch benutzter Werke sind dem Filmhersteller bekannt. Mit ihnen tritt er, soweit dies die Rechtslage erfordert, in Vertragsbeziehungen, und nur wenn dies erforderlich ist, sind Ansprüche aus dem droit moral gegeben (innerhalb der Schutzfrist; unfreie Benutzung des Werkes für den Film). Diese Urheber wissen, daß die Verfilmung schon aus Gründen

[25]) Der RefEntw. 54 (Begründung S. 215 f.) spricht bei der Regelung des Verfilmungsrechts von der Gefahr einer „Aufsplitterung" der Rechte am Filmwerk und beschränkt den Tantiemeanspruch für die Tonfilmmusik, den er außerhalb des Vorführungsrechts zusätzlich und als einzigen gesetzlichen Anspruch dieser Art gewährt, auf die Forderung einer angemessenen Vergütung, gewährt ihn also ohne Verbotsanspruch und unbeschadet des Vorführungsrechts am Film (§ 92 des Entw.). Der Amtl. Entw. 32 schloß für die aus dem Vorführungsrecht abgeleiteten Tonfilmtantiemen den Verbotsanspruch im Wege einer Zwangslizenz zugunsten des Filmunternehmers oder seiner Rechtsnachfolger aus (§ 49 des Entw.), wogegen sich Elster in GRUR 1933, 25 f. wandte. Wenn auch der Tantiemeanspruch in der Sache richtig sei, wäre doch die im Amtl. Entw. 32 gewählte Konstruktion mit der Abstellung auf das Verbreitungs- und Vorführungsrecht methodisch verfehlt, denn was solle mit einem hergestellten Film angefangen werden, wenn er nicht verbreitet, d. h. vorgeführt werde. „Das ist doch seine reguläre Wirksamkeit und Lebensführung, und der Berechtigte, der zur Herstellung des Films seine Genehmigung gab (sie sich abkaufen ließ), hat damit zugleich, wenn Verträge überhaupt nach Treu und Glauben auszulegen sind und einen Sinn haben sollen, die Verbreitung und Vorführung gewollt und genehmigt." (Elster a.a.O.) — Der RefEntw. 54 (Begründung S. 218 f.) will die Schwierigkeiten aus dem droit moral durch die Lösung der Filmurheberschaftsfrage in der Art seines Vorschlages (§ 93) vermeiden.

der Umsetzung des Werkes in die Werkform des Films Änderungen am benutzten Werke nach sich zieht, und daß sie sich solchen Änderungen nach Treu und Glauben nicht versagen können, wenn sie sich mit der filmischen Benutzung ihrer Werke einverstanden erklärt haben. Anders aber sind Ansprüche aus dem droit moral zu beurteilen, die sich auf Filmurheberschaft gründen. Hier bieten sich weit mehr Ansatz- und Streitpunkte aus dem droit moral als beim Verfilmungsschutz. Wer Urheber des Films ist, hat in Fragen der Herstellung und Auswertung des Films mitzureden. Dazu gehören ebenso künstlerische, wie wirtschaftliche Fragen. Über wirtschaftliche Fragen lassen sich Vertragsabreden treffen. In künstlerischen Fragen aber steht das droit moral entgegen. Darin liegt die Schwierigkeit für die Vertragspraxis. Die Grenzen der Zulässigkeit von Vertragsabreden in künstlerischen Fragen lassen sich kaum allgemein bestimmen. Aber schon die bloße Ungewißheit reicht aus, um im Einzelfall die rechtliche Sicherheit für den Film zu gefährden.

Filmurheberschaftliche Fragen des droit moral und damit Fragen der Entscheidung durch die beteiligten Filmurheber durchziehen den Gesamtbereich der Herstellung und Auswertung des Films. Sie können insbesondere betreffen: die Besetzung, den Schnitt und die Änderung des Films; die Namensnennung im Film und in der mit dem Film verbundenen Werbung; den Filmtitel und dessen fremdsprachige Fassung bei der Auswertung des Films im In- und Ausland; die fremdsprachige Synchronisation und die Neuverfilmung, wobei in Fällen sowohl der Synchronisation als auch der Neuverfilmung die Frage einer Wiederverwendung der in der Ursprungsfassung künstlerisch tätig gewordenen Kräfte, insbesondere für Regie, Darstellung und Kamera, und der für die Ursprungsfassung benutzten Werke, insbesondere der Musik, als weitere Ansatz- und Streitpunkte aus dem droit moral praktische Bedeutung gewinnen können.

Wenn einer der beteiligten Filmurheber Verletzung von Rechten aus dem droit moral rügt, der andere aber nicht, wäre zu entscheiden, ob dieser eine über die anderen Filmurheber hinweg das droit moral am Filmwerk als solchem oder nur für seinen eigenen werkschöpferischen Anteil geltend machen könnte. Wäre ein einzelner in der Lage, das droit moral am filmischen Gesamtwerk geltend zu machen, so wären die anderen Filmurheber gegen ihren Willen rückwirkend mitbetroffen. Wäre er auf seinen Werkanteil beschränkt, so wäre bei der Werkeinheit des Films doch wieder das Filmwerk als Ganzes betroffen[26]).

[26]) Hierin liegt die Problematik des Verbotsanspruchs, den der RefEntw. 54 dem Regisseur aus dem droit moral gewährt (§ 96 des Entw.).

Solche Schwierigkeiten entfallen, wenn der Filmhersteller aus einem für ihn originär am Filmwerk entstehenden Urheberrecht Herstellung und Auswertung des Films betreibt.

In der Fragestellung, ob der Filmhersteller aus abgeleitetem oder aus originärem Recht handelt, wird von neuem der Unterschied zwischen filmisch benutzten Werken (Verfilmungsschutz) und Filmwerk (Filmschutz) erkennbar. Dieser Unterschied bildet das Kriterium auch für die Art der Rechtsstellung des Filmherstellers. Auch wenn der Filmhersteller originärer Träger des Urheberrechts am Film ist, hat er das Verfilmungsrecht am geschützten und für den Film abhängig benutzten Werk zu erwerben.

Das Verfilmungsrecht wird vom Filmhersteller regelmäßig an einer Vielzahl von Werken erworben. Aber aus der Addition dieser Rechte ergibt sich noch kein Urheberrecht am Filmwerk. Das gleiche gilt für den Bereich des Filmschutzes. Der Filmhersteller würde bei einem lediglich abgeleiteten Rechtserwerb nur filmische Rechte an Einzelleistungen und damit Teilrechte, nicht aber das einheitliche Urheberrecht am filmischen Gesamtwerk erwerben.

Aus dem Verfilmungsschutz bezieht der Filmhersteller die Zustimmung zur Auswertung des Urheberrechts am Filmwerk, nicht aber dieses Urheberrecht selbst. Die Existenz dieses Urheberrechts wird für dessen Ausübung vorausgesetzt. Da das Recht nur im Vorgang der Entstehung des Filmwerkes gemeinsam mit diesem entstehen kann, jeder der Filmschaffenden in seiner Person aber nur Teilrechte zur Entstehung bringt, kann das Urheberrecht am filmischen Gesamtwerk nur in der Person des Filmherstellers zur Entstehung gelangen.

Die Filmurheberschaftsfrage findet mit dem originären Rechtserwerb des Filmherstellers eine Lösung, die in Übereinstimmung mit dem Sachvorgang und zugleich mit der Auffassung und den Erfordernissen des Rechtsverkehrs steht. Wer den Film auswerten will, wendet sich an den Filmhersteller als denjenigen, dem das Urheberrecht am Filmwerk zusteht. Das Minus in der Stellung des Filmherstellers als eines Rechtsnachfolgers im Verfilmungsrecht wird für den Bereich des Filmschutzes durch das originäre Urheberrecht am Filmwerk ausgeglichen. Der Erfolg einer solchen Lösung der Filmurheberschaftsfrage ist die Ermöglichung eines Höchstmaßes an rechtlicher Sicherheit für das Filmwerk, ohne daß dieserhalb Rechte der Urheber der filmisch benutzten Werke geschmälert würden. Nur wenn der Unterschied zwischen den Gruppen der filmisch benutzten Werke und des Filmwerks für die Lösung der Filmurheberschaftsfrage nicht berücksichtigt werden würde, könnte das originäre Urheberrecht des Filmherstellers auf die Rechte der Urheber filmisch benutzter Werke übergreifen und deren Rechte gefährden, wenn nicht gar negieren.

Diese Überlegungen lassen gesetzgeberische Lösungen als ungeeignet erscheinen, die durch Abtrennung von Drehbuchverfasser und Filmkomponist den grundlegenden Unterschied zwischen den Werkegruppen negieren oder verwischen und Formen von Miturheberschaft zulassen, während die Voraussetzungen einer Miturheberschaft weder tatsächlich noch rechtlich gegeben sind.

Als ungeeignet müssen auch jene gesetzgeberischen Lösungen angesehen werden, die den Unterschied zwischen filmischen Einzelleistungen und filmischem Gesamtwerk und damit zwischen bloßen Teilrechten und dem Gesamtrecht unberücksichtigt lassen. Die *cessio legis*[27]) scheitert an der Verkennung dieser grundsätzlichen Situation des Filmschaffens; sie scheitert zudem am droit moral, das für eine Vielzahl anonymer Filmurheber außerhalb der *cessio legis* verbleibt.

Eine Lösung, die zwar im Prinzip den originären Rechtserwerb für den Filmhersteller zuläßt, den Rechtserwerb aber, statt ihn für das Urheberrecht am Filmwerk einheitlich wirksam werden zu lassen, auf die Werknutzungsrechte beschränkt[28]), vermeidet nicht weniger die Gefahren aus dem droit moral.

Selbst wenn die beteiligten Filmurheber der Person nach bekannt wären, hätte jeder der Filmurheber die Möglichkeit, von sich aus durch Ansprüche aus dem vielschichtigen Bezirk des droit moral die Auswertung des Filmwerkes zu unterbinden, obgleich dem Filmhersteller kraft eines gesetzlichen Übergangs *(cessio legis)* oder kraft originären Erwerbs der Nutzungsrechte Schutz gerade gegen Beeinträchtigungen der rechtlichen Sicherheit des Filmwerkes gegeben werden soll.

---

[27]) So der Amtl. Entw. 32 (§ 21). Siehe die von de Boor daran geübte Kritik in: de Boor, Vom Wesen des Urheberrechts, Marburg, 1933, S. 17 f. De Boor bemängelt, daß mit der *cessio legis* die zweifelhafte Frage der Filmurheberschaft ungelöst bleibt, er spricht in Bezug auf die *cessio legis* von Formen einer Begriffsjurisprudenz und verweist auf die Gefahr von allerhand „verdunkelnden Theorien". Er hält es für möglich, daß eine ungeschickte Praxis mit dem „beliebten" *argumentum e contrario* folgere, Urheber sei jedenfalls nicht der Unternehmer, womit schon eine negative, aber nicht für alle Fälle richtige Bestimmung gegeben wäre. „Warum in aller Welt sagt man nicht einfach, was man vorschreiben will: Die Werknutzungsrechte an einem gewerbsmäßig hergestellten Werk der Kinematographie stehen dem Inhaber des Unternehmens zu?" (aaO. S. 18). — Baum in: GRUR 52, 482 führt gegen die *cessio legis* vor allem an, daß sie mit Art. 14 Abs. 1 und Art. 4 Abs. 1 RBU unvereinbar sei.

[28]) So der AkadEntw. 39 I (§ 19b) mit der Beschränkung auf einzeln aufgezählte Werknutzungsrechte und das Öster. UrhGes. 1936 (§ 38) mit Geltung für alle Verwertungsrechte am Filmwerk. — Baum in: GRUR 52, 482 identifiziert zu Unrecht ein originäres Verwertungsrecht des Filmherstellers mit der *cessio legis*. — Willy Hoffmann nannte in: Juristische Wochenschrift 1936, 1502 die österreichische Regelung „einen Schritt weiter" auf dem hier zögernd beschrittenen Wege, dem Filmhersteller auch de jure das Urheberrecht am Filmwerk zu geben. Inhaltlich kennzeichnete er die Regelung wie folgt: „Das österreichische Urheberrechtsgesetz läßt also bewußt die Frage der Urheberschaft am Filmkunstwerke offen, bringt also eine Regelung, die dem Unternehmer das Recht sichert, das auf seine Kosten geschaffene Werk zu verwerten, aber auch die geistigen Interessen des Filmherstellers und der Filmschaffenden schützt." (aaO.) — Der RefEntw. 54 hat die österreichische Regelung mit Vorbedacht abgelehnt und dazu rechtsgrundsätzlich folgendes ausgeführt: „Es ist nicht zu verkennen, daß eine solche Regelung die Rechtsstellung des Filmherstellers verbessern würde, da sie ihn von der Notwendigkeit des Abschlusses zahlreicher Verträge, deren Rechtsgültigkeit nicht immer gewährleistet ist, befreit. Hiermit würde aber nur ein Teil der oben geschilderten Schwierigkeiten behoben werden. Die Frage nach der Person des Urhebers am Filmwerk bleibt bei dieser Lösung nach wie vor offen und von Bedeutung, da die Urheber des Filmwerkes im Besitz ihrer aus dem droit moral fließenden Rechte verbleiben würden. Der Entwurf übernimmt deshalb diesen Vorschlag nicht." Siehe auch oben S. 35 und Fußnote 37.

Solche Lösungen sind entweder begriffliche Fehlkonstruktionen (Miturheberschaft von Drehbuchverfasser und Komponist, gegebenenfalls Regisseur), oder sie bleiben auf halbem Wege stehen (cessio legis; originärer Erwerb der Werknutzungsrechte am Film für den Filmhersteller) und können die ihnen zugedachte Aufgabe der rechtlichen Sicherung des Filmwerkes, wenn überhaupt, nur unzulänglich erfüllen.

8. Urheberrechtliche Stellung der Filmschaffenden

Die arbeitsrechtlich fundierte Stellung der Filmschaffenden schließt die Entstehung von Urheberrechten für sie nicht aus. Bloßer Leistungsschutz ergäbe sich nur als Folge einer Verneinung der urheberrechtlichen Bedeutung des Filmschaffens überhaupt oder der Tätigkeit bestimmter Gruppen von Filmschaffenden. Die Träger eines bloßen Leistungsschutzes wären dann keine Filmschaffenden mehr, sondern befänden sich in der rechtlichen Stellung ausübender Künstler, deren Aufgabe es ist, bereits existente Werke zu reproduzieren.

Mit der Filmurheberschaftsfrage verbindet sich also die Entscheidung über die Schutzart. Entweder gilt Urheberrecht, oder es gilt Leistungsschutz. Beides zusammen ist nicht möglich. Getrennte Schutzsysteme schließen sich gegenseitig aus. Das Urheberrecht als das stärkere Recht macht den Leistungsschutz überflüssig, während der Leistungsschutz gerade dort einsetzt, wo urheberrechtlicher Schutz fehlt.

Wenn dem Filmhersteller das Urheberrecht am Filmwerk originär zuwächst, besagt dies, daß einerseits das Filmwerk im Bereiche des Filmschaffens entsteht, daß andererseits aber den an seiner Entstehung schöpferisch beteiligten Filmschaffenden das Urheberrecht am Filmwerk versagt ist. Daraus könnte geschlossen werden, daß den Filmschaffenden, ohne deren Mitwirkung das Filmwerk überhaupt nicht entstanden wäre, der Schutz des Urheberrechts verloren gehe und daß ihnen Rechte genommen werden, auf die sie nach der Art ihrer Tätigkeit Anspruch haben. Die Frage ist derart nur für den Fall eines originären Urheberrechts des Filmherstellers gestellt. Jeder Vergleich mit anderen Lösungen der Filmurheberschaftsfrage versagt.

Wenn Drehbuchverfasser und Komponist zu Filmurhebern erklärt werden, liegt darin bereits die Verneinung der urheberrechtlichen Bedeutung des Filmschaffens und seiner personellen Träger. Wenn in den Personenkreis der Filmurheber der Regisseur einbeschlossen ist, kann dies seinen Grund gleichfalls in der Verneinung der urheberrechtlichen Bedeutung des Filmschaffens haben; der Regisseur ist dann Miturheber auf der Ebene eines anderen Werkschaffens[29]). Der Grund

[29]) So bei Ulmer, GRUR 1955, 522 (Autorenfunktion des Regisseurs).

kann aber auch sein, daß der Regisseur die einzige Person im ganzen Bereiche des Filmschaffens ist, die in eine filmurheberschaftliche Stellung rückt, wobei es der unterschiedlichen Beurteilung überlassen bleibt, ob der Regisseur mit Drehbuchverfasser oder/und Komponist zusammen als Miturheber [30]) oder ohne die beiden als Alleinurheber den Personenkreis des Filmschaffens urheberrechtlich repräsentiert [31]). Für den Fall aber, daß das Urheberrecht am Filmwerk für den Filmhersteller originär entsteht, ist auch die urheberrechtliche Stellung der Filmschaffenden durch die Existenz des Filmwerks ausgewiesen, während es gerade die Filmschaffenden sind, die dann aus dem Urheberrecht am Filmwerk eliminiert werden. Um die Fragestellung in ihrer rechtlichen Tragweite beurteilen zu können, wird auch hierfür auf den Sachvorgang zurückzugreifen sein.

Der Filmhersteller verpflichtet Filmschaffende der verschiedenen Gruppen für die Mitwirkung bei der Herstellung eines Filmwerkes. Für die im arbeitsrechtlichen Vertragsverhältnis erbrachte Leistung erhält der Filmschaffende eine Vergütung in der vereinbarten Höhe. Ihm wird die Vergütung in der rechtlichen Bedeutung eines Arbeitslohnes gezahlt. Jede von den mitwirkenden Filmschaffenden erbrachte Leistung ist der Kategorie und dem Grade nach ein Leistungsbeitrag für die Entstehung des Filmwerkes. Lediglich diese Einzelleistung ist für den Filmschaffenden geschützt. Aber der Schutz ist ein solcher urheberrechtlicher Art, weil die Einzelleistung schöpferischer Werkbeitrag ist. Erst wenn das Filmwerk durch den Schnitt seine verkehrsfähige Gestalt erhalten hat, zeigt sich, ob und in welchem Umfange die jeweilige Einzelleistung für das filmische Gesamtwerk Verwendung gefunden hat. Die vermögensrechtlichen Ansprüche des Filmschaffenden aus der erbrachten Einzelleistung sind mit der Zahlung des Arbeitslohnes erschöpft. Nur bei einer anderen Verwendung stellt sich die Frage einer zusätzlichen Abgeltung. Dies mag der Fall sein bei Verwendung der filmisch fixierten Einzelleistung des Filmschaffenden außerhalb des Filmwerkes oder bei einer Verwendung des Films in anderer als der üblichen Art seiner Auswertung, so für Zwecke der Television [32]). Als möglich bleiben für den Filmschaffenden lediglich noch Ansprüche aus dem Bereiche des droit moral übrig. Hier wiederum konzentriert sich das Schutzinteresse der Filmschaffenden auf

---

[30]) Fagg, Urheberschaft und Urheberrecht am Film, Verlag Franz Vahlen, Berlin, 1928, unterscheidet zwischen zwei Komponenten des Filmwerkes (Manuskript und künstlerisches Schaffen) und nimmt Miturheberschaft an: zwischen dem Drehbuchverfasser und allen an der Gestaltung des Filmes künstlerisch Mitwirkenden (Regisseur, Schauspieler, Schnittmeister, Kameramann).

[31]) So Dienstag, Der Arbeitsvertrag des Filmschauspielers und Filmregisseurs, Berlin, 1929, neuerdings Werhahn in: Ufita Bd. 19 (1955) S. 191 ff. und Ufita Bd. 22 (1956) S. 42 ff.

[32]) Siehe dazu Ulmer in: GRUR 1955, 526 (Darlegungen zu § 97).

Namensnennung und wesensgerechte Wiedergabe der Leistung in Wort und Bild[33]).

Die Namensnennung bestimmt sich in brancheüblicher Weise. Dem Filmpublikum kann nicht zugemutet werden, durch eine endlose Liste von Namen der Mitwirkenden gelangweilt zu werden und an Stelle eines Films dessen Namensliste veranschaulicht zu bekommen. Über die Voraussetzungen und die Formen einer Namensnennung lassen sich mit Geltung für alle Beteiligten Bestimmungen im Gesetz kaum treffen. Soweit eine Regelung in einem generellen Rahmen möglich und erforderlich ist, läßt sie sich paritätisch von den Organisationen der beteiligten Gruppen durch Tarifvertrag schaffen.

Die wesensgerechte Wiedergabe der Leistung in Bild und Ton läßt sich nur vom filmischen Gesamtwerk her beurteilen. Der Filmschaffende muß den Schnitt, durch den das filmische Gesamtwerk seine verkehrsfähige Gestalt erhalten hat, gegen sich gelten lassen. Er kann nicht verlangen, daß seine Leistung so, wie sie auf dem Filmband bei der Aufnahme festgelegt wurde, für das Filmwerk übernommen wird und auf der Leinwand erscheint. Von jeder Einstellung werden in der Regel mehrere Aufnahmen gemacht. Dadurch wird es möglich, daß die künstlerisch und technisch beste Aufnahme ausgewählt und verwendet wird. Aber nicht schon jede gelungene Aufnahme kann verwendet werden. Die Einzelleistung muß sich in den Gesamtrahmen einfügen und bekommt erst dadurch ihre Bedeutung auch für den einzelnen Filmschaffenden. Der Film arbeitet mit Überblendungen, denen im literarischen Schrifttum die Trennung und Verbindung der Gedanken durch Abschnitte und Absätze entspricht. Der Film muß auf eine bestimmte Meterlänge gearbeitet sein, weil die Dauer seiner Vorführung im Spielprogramm der Filmtheater genormt ist und dem Besucher der Filmvorführung nicht zugemutet werden kann, den Filmbesuch über eine bestimmte Dauer hinaus zu erstrecken.

Diese Gegebenheiten und Erfordernisse des Sachvorganges reduzieren die urheberrechtliche Bedeutung der wesengerechten Wiedergabe auf die Forderung, daß der Filmschaffende mit seiner Leistung im Rahmen des filmischen Gesamtwerkes so an die Öffentlichkeit tritt, wie dies ihm unter Berücksichtigung der konkreten Umstände und der Interessen aller Beteiligten billigerweise zuzumuten ist. Der persönlichkeitsrechtliche Schutz der Einzelleistung ist durch das Gesamtwerk bestimmt und kann auch nur nach Maßgabe der Erfordernisse des Gesamtwerks geltend gemacht werden.

---

[33]) Auch de Boor beschränkt das Schutzbedürfnis bei Filmschaffenden mit eigenpersönlichen Leistungen auf Namensnennung und Schutz gegen Verschandelungen, nur will de Boor diesen Schutz nicht aus dem Urheberrecht, sondern als Leistungsschutz gewährt wissen (aaO. 832). Ulmer anerkennt gleichfalls nur diese beiden Schutzinteressen mit Geltung allein für den Regisseur und die führenden Darsteller (in: Auslands- und Intern. Teil GRUR 1953, 193).

Wenn dem Filmhersteller das originäre UR am Filmwerk zusteht, wäre er in der Stellung eines gesetzlichen Mandatars verpflichtet, die geistigen Schutzinteressen der Filmschaffenden in der gekennzeichneten Weise mit zu vertreten. Nur mit dieser Maßgabe rechtfertigt sich die Zuerkennung des UR am Filmwerk originär für den Filmhersteller.

Eine Regelung im Sinne eines originären UR des Filmherstellers ist daher die einzige Lösung, die die Tätigkeit der Filmschaffenden im Bereiche des Urheberrechts beläßt und die doch ein einheitliches Urheberrecht am filmischen Gesamtwerk begründet.

9. Doppeltes Schutzsystem für den Film

Der Filmhersteller ist, abgeleitet oder originär, aus dem Urheberrecht befugt, für die Zwecke der Auswertung des Filmwerkes vom Filmnegativ (Filmband) Kopien zu ziehen (Vervielfältigung), die Kopien gewerbsmäßig zu verbreiten und mit ihrer Hilfe das Filmwerk öffentlich vorzuführen. Auch das Abwehrrecht gegen Dritte schützt das filmische Gesamtwerk und in dessen Rahmen die Leistungen der Filmschaffenden. Der Filmhersteller ist berechtigt, aus dem Abwehrrecht am Film jedem Dritten die Entnahme oder Nachbildung von Leistungen der Filmschaffenden zu verbieten.

Die Auffassung, außer dem urheberrechtlichen Schutz des Filmwerkes sei noch ein besonderer Leistungsschutz für das Filmband erforderlich, geht von anderen Begriffsvoraussetzungen aus[34]). Wenn der Film eine bloße Werkverbindung wäre oder als solche behandelt wird und wenn in der Person des Drehbuchverfassers und des Komponisten Urheber filmisch benutzter Werke zu Urhebern des Filmwerks bestellt werden, gehen allerdings die Leistungen der Filmschaffenden weder in den Werkbegriff noch in den Urheberbegriff des Films ein. Der Filmhersteller handelt dann als Rechtsnachfolger solcher Urheber für die Nutzungsrechte nur im Rahmen einer Werkverbindung. Da dann die Rechte des Drehbuchverfassers und des Komponisten die Leistungen der Filmschaffenden nicht mit umfassen, hätte sie der Her-

[34]) Ulmer fordert in seinen letzten Aufsätzen Urheberrechtsschutz für das „Filmwerk", das nach Ulmers Konstruktion jedoch kein einheitliches Werk, sondern eine bloße Verbindung filmisch benutzter Werke ist, und Leistungsschutz für das „Filmband". Der Urheberrechtsschutz am Filmwerk soll den „Filmurhebern" (gleich Urhebern filmisch benutzter Werke), der Leistungsschutz am Filmband dem Filmhersteller zustehen (vgl. in: GRUR 1955, 519 ff., zuvor schon in: GRUR 1954, 496): „Die Autoren haben das Urheberrecht an den schöpferischen Grundlagen, die sie für den Film legen. Der Unternehmer hat dagegen das Leistungsschutzrecht am Filmband (Bild- und Tonstreifen) . . ." (aaO. 1954, 496). Zuvor schon hatte Koch in: Ufita 1934, 266 und Deutsche Juristen-Zeitung 1936, 541 das doppelte Schutzsystem für den Film gefordert. Solchen Überlegungen war Hoffmann in: Juristische Wochenschrift 1936, 1501 ff. mit Argumenten entgegengetreten, die heute nicht besser als damals von Hoffmann formuliert werden können, und die daher hier wörtlich wiedergegeben seien: „Wie dieses Nebeneinander des in der Person des Filmherstellers entstehenden Leistungsschutzes, das ihn zur Vervielfältigung, gewerbsmäßigen Verbreitung und zur Vorführung des Filmwerkes berechtigt, und des Urheberrechts am Film, das „dem Schöpfer der Filmhandschrift" zusteht und diesem die nämlichen Befugnisse am Filmkunstwerk gibt, zu verstehen ist, wie eine Auseinandersetzung dieser am gleichen Werk mit gleichen absoluten Rechten ausgestatteten Personen erfolgen soll, bleibt dunkel." (Hoffmann, aaO. S. 1503).

steller, um den Film auswerten zu können, als Rechte am Filmband, auf dem die Leistungen der Filmschaffenden insgesamt fixiert sind, zusätzlich zum Urheberrecht am Film zu erwerben. Das urheberrechtliche Minus für das Filmwerk müßte durch Leistungsschutzrechte aus dem Bereiche des Filmschaffens ausgeglichen werden. Darin aber zeigt sich nur die Konsequenz einer sachwidrigen Handhabung der Rechtsbegriffe von Filmwerk und Filmurheber. Statt ein Filmwerk zu schützen, wird eine Werkverbindung zum Filmwerk umgedeutet. Statt die Urheber eines Werkes zu bestimmen, werden in der Person des Drehbuchverfassers und des Komponisten Urheber filmisch benutzter Werke zu Filmurhebern umgedeutet. Wenn keiner dieser Urheber dem Bereiche des Filmschaffens zugehört, verbleibt das Filmschaffen überhaupt außerhalb des urheberrechtlichen Werkbegriffes. Die dadurch entstehende Lücke muß dann außerhalb des Urheberrechts durch Leistungsschutz ausgefüllt werden. Gegensätzliche Schutzsysteme werden für das gleiche Schutzobjekt und für die gleichen Vorgänge seiner Auswertung zusammengefügt. Statt aus Gründen einer solchen Unmöglichkeit die Voraussetzungen der Konstruktion als irrig zu revidieren, wird die Unmöglichkeit zur Konsequenz einer irrigen Konstruktion gemacht. Ob der Filmhersteller die Leistungsschutzrechte von den Filmschaffenden erwirbt oder ob sie ihm originär zuwachsen, ist eine Frage, die überhaupt nur innerhalb der bezeichneten Konstruktion und unter deren Voraussetzungen existiert und interessiert.

10. Methode der Regelung

Außer dem Sachproblem ist die Methode der Regelung zu bedenken. Die Filmurheberschaftsfrage kann durch zwingendes oder durch dispositives Recht geregelt werden.

Zwingende Lösungen haben den Vorzug, einheitliche Rechtsverhältnisse zu schaffen [35]). Sie haben den Nachteil, daß sie das Lösungsprinzip verabsolutieren und dadurch den konkreten Umständen nicht oder nicht hinreichend gerecht werden.

Normen des dispositiven Rechts sind beweglich. Wenn ihnen die Bedeutung einer Auslegungsregel zukommen soll, gilt die Rechtsnorm, soweit nichts anderes vereinbart ist. Das Vertragsrecht hat den Vorrang. Als Folge aber ergeben sich zwei verschiedene Formen in der Existenz von Urhebern. Für den Normalfall gibt es den gewillkürten, für den Zweifelsfall den gesetzlichen Filmurheber [36]).

Der Zwiespalt in den Formen der Urheberschaft wäre auf der Grundlage des Vertragsrechts ausgeräumt, wenn die Rechtsnorm zwar die

[35]) So der RefEntw. 54 mit § 93 (UR des Filmherstellers).

[36]) So der französische Gesetzesentwurf mit Art. 14 Abs. 2 („mangels Gegenbeweises") = Ufita Bd. 20 (1955), S. 87.

Voraussetzungen der Anspruchsberechtigung festlegt, die Klarstellung darüber, wer für den konkreten Fall Filmurheber ist, aber den Vertragsteilen überläßt. Bei einer solchen Lösung gehört die Entscheidung über die Person des Filmurhebers immer dem Stadium der Herstellung des Films zu. Ansprüche aus Tatbeständen der Filmurheberschaft für die Vorgänge der Auswertung können nur von demjenigen geltend gemacht werden, der zuvor schon vom Filmhersteller als Filmurheber anerkannt worden war[37]).

Zu welcher Methode sich der Gesetzgeber für die Regelung entschließt, wird sachlich davon abhängen, wie stark er das Erfordernis der Rechtssicherheit beim Film einschätzt. Die Rechtssicherheit kann um so vollständiger erreicht werden, je eindeutiger und für jeden erkennbar die Rechtsverhältnisse sind. Da die Rechtssicherheit für den Film höher einzuschätzen ist, als das subjektive Interesse der Vertragsteile, werden die Bedenken gegen zwingende Rechtsnormen dem Erfordernis der Rechtssicherheit zu weichen haben. Dies schließt nicht aus, daß möglicherweise rechtspolitische Überlegungen eine Lösung durch dispositives Recht angezeigt erscheinen lassen. Derartige Lösungen verhelfen aber, worüber man sich im klaren sein muß, dem Filmwerk nur zu einem geringeren Schutz in der Gewährleistung seiner rechtlichen Sicherheit.

III. Der Urheberbegriff

1. Wahrung der Rechte beteiligter Urheber

Ergebnis der Problembetrachtung ist die Feststellung, daß dem Filmhersteller originär das UR am Filmwerk zusteht. Rechte anderer Urheber werden durch eine solche Lösung nicht beeinträchtigt.

Die Urheber der filmisch benutzten Werke haben den Verfilmungsschutz. Aus diesem urheberrechtlichen Schutzbezirk leiten sie das Recht zur Verfilmung, das droit moral und gegebenenfalls den Tantieme-/Verbotsanspruch her. Der Filmhersteller hat das Verfilmungsrecht unter dessen Voraussetzungen zu erwerben, unabhängig davon, wer Urheber des Filmwerks ist, insbesondere auch dann, wenn dem Filmhersteller das originäre UR am Filmwerk zusteht. Das droit moral verbleibt den Urhebern der filmisch benutzten Werke. Die Ansprüche daraus werden auf Grund der Verfilmung dem Filmwerk gegenüber unmittelbar wirksam. Der Tantieme-/Verbotsanspruch hat die Verfilmung zur Voraussetzung und ist unabhängig von der Regelung der

[37]) So das Österr. UrhGes. 1936 mit § 39. Siehe dazu die Amtl. Begründung bei Lissbauer, Die österreichischen Urheberrechtsgesetze, Wien, 1936, S. 249, und die Erläuterungen bei Peter, Das österreichische Urheberrecht, Wien, 1954, S. 117 f. — Eine solche Behandlung in der Filmurheberschaftsfrage ist im Österr. UrhGes. mit einer Regelung gekoppelt, die dem Filmhersteller die Werknutzungsrechte am Filmwerk kraft Gesetzes zuspricht. Siehe obige Fußnote 28.

Filmurheberschaftsfrage. Mehr als diese Rechte kann der Urheber eines filmisch benutzten Werkes billigerweise nicht fordern.

Die Filmschaffenden würden, wenn ihrer Tätigkeit eine urheberrechtliche Bedeutung nicht zukäme, in der Stellung lediglich ausübender Künstler handeln. Als solche wären sie in keinem Fall rechtlich besser gestellt, als sie es sind, wenn sie urheberrechtlich tätig werden. In der Person von Filmschaffenden können Urheberrechte entstehen. Aber dies sind Rechte an der jeweils erbrachten Einzelleistung, und sie entstehen, wenn der Einzelleistung als solcher Werkcharakter zukommt. Mit dem Urheberrecht steht dem Filmschaffenden an der Einzelleistung auch das droit moral zu. Ansprüche daraus können aber nur insoweit geltend gemacht werden, als sie im Rahmen und gemäß den Erfordernissen des Gesamtwerkes vertretbar sind. Für die Wahrnehmung solcher Ansprüche handelt der Filmhersteller als gesetzlicher Mandatar der Filmschaffenden. Den Filmschaffenden werden daher keine Rechte genommen oder vorenthalten, auf die sie nach der Art ihrer Tätigkeit Anspruch hätten.

Andere als die bezeichneten Urheber kommen für einen Vergleich der Rechte mit denen des Filmherstellers nicht in Betracht.

2. Die herrschende Meinung

Dem Ergebnis, daß dem Filmhersteller das originäre UR am Filmwerk zusteht, müßte der Urheberbegriff entsprechen. Nach geltendem Recht ist die Übereinstimmung nicht ohne weiteres zu erreichen. Die Gründe wurden dargelegt. Trotzdem konnte sich das sachlich richtige Ergebnis bereits unter dem geltenden Recht durchsetzen.

a) Die Rechtsprechung hat sich in Deutschland schon frühzeitig für das originäre UR des Filmherstellers entschieden. Die Streitfälle betrafen an sich andere, mit der Filmurheberschaftsfrage jedoch in Zusammenhang stehende Rechtsfragen (Zwangsvollstreckung in den Film; Vertragsfragen). Soweit die gerichtlichen Entscheidungen noch in die Zeit des Stummfilms fallen, könnten sie überholt sein. Es liegen aber Entscheidungen aus der Tonfilmzeit mit demselben Ergebnis vor. Für den Bereich der Bundesrepublik hat sich die Rechtsprechung noch im Jahre 1951 die Auffassung vom originären UR des Filmherstellers zueigen gemacht. Abweichende Entscheidungen sind im Verlaufe von fast 30 Jahren deutscher Spruchpraxis nicht bekannt geworden[38].

---

[38]) Veröffentlicht liegen insgesamt folgende Entscheidungen deutscher Gerichte im bezeichneten Sinne vor: LG I Berlin. Beschluß vom 4. April 1923 (nicht rechtskräftig; vgl. KG Beschluß in gleicher Sache vom 28. April 1923) in: Markenschutz und Wettbewerb, Jahrg. XXIII. 1923/24 S. 13 f.; KG Beschluß vom 28. April 1923 in: Markenschutz und Wettbewerb, a.a.O. S. 14 f. = Juristische Wochenschrift, 1924, 413, jedoch mit anderem Datum (2. April statt richtig: 28. April 1923); RG in RGZ 106, 365 („. . . der Filmhersteller, der im Zweifel als der Träger des Urheberrechts anzusehen ist . . ."); RArbG in: Juristische Wochenschrift, 1932, 1914; OLG Frankfurt am Main in: Ufita Bd. 22 (1956) S. 111 ff.

Die deutsche Rechtsprechung stellte eine echte Gesetzeslücke fest und griff für die Aufgabe, die Lücke auszufüllen, auf das Verkehrsbedürfnis und die besonderen Umstände der Filmerzeugung zurück[39]. Die rechtslogische Konsequenz, daß außer dem Filmhersteller niemand vorhanden ist, in dessen Person das UR am filmischen Gesamtwerk entsteht, wurde aufgezeigt und gezogen[40]. Der Filmhersteller wurde teilweise als Träger des UR[41], teilweise präziser als ursprünglicher oder erster Träger des UR am Filmwerk[42], teilweise unmittelbar als dessen Urheber[43] bezeichnet, in jedem Falle aber als derjenige angesehen, der sich in der Rechtsstellung des Urhebers eines Films befindet, und zwar auch dann, wenn der Filmhersteller nicht selbst geistig-schöpferisch mittätig ist, oder wenn es sich bei ihm um eine juristische Person handelt[44]. Lediglich das RArbG hat dem Unterschied zwischen natürlicher und juristischer Person eine Bedeutung insofern beigelegt, als es bestimmt, daß das UR am Filmwerk dem Filmhersteller zusteht, falls er eine physische Einzelperson ist, und dem die Herstellung leitenden Angestellten, falls die Herstellung seitens einer juristischen Person erfolgt[45]. Trotz einer solchen Trennung stimmt das RArbG mit den anderen Entscheidungen darin überein, daß das UR am Filmwerk am Herstellungsunternehmen haftet, nur will es den Rechtsbegriff des Herstellers auf die natürliche Person beschränkt wissen.

Durch die einheitlich in diesem Sinne geübte Rechtsprechung wurde die vorhandene Gesetzeslücke in Deutschland für den Film geschlossen. Das originäre UR des Filmherstellers wurde Bestandteil des geltenden Rechts. Die positive Rechtsordnung bestimmt also zweierlei: den Urheberrechtsschutz für Filmwerke und den Träger dieses Schutzes in Gestalt des Filmherstellers.

b) Im Schrifttum wurde zu verschiedenen Zeiten zum Ausdruck gebracht, daß in der Auffassung vom originären UR des Filmherstellers die herrschende Meinung zu sehen sei. *Friedemann* stellte dies 1927/28 fest[46]. Willy *Hoffmann* traf seine Feststellungen 1935 und 1936[47]. Das OLG Frankfurt a. M. entschied im Jahre 1951 mit dem ausdrücklichen Hinweis auf die herrschende Meinung. Wenn sich demgegenüber im Schrifttum der Nachkriegszeit die Auffassung vertreten findet,

---

[39] So KG in JW aaO. und OLG Frankfurt/M. aaO.
[40] KG aaO. und OLG Frankfurt/M. aaO.
[41] So RGZ 106, 365.
[42] So KG aaO.
[43] So OLG Frankfurt/M. aaO.
[44] KG aaO. und OLG Frankfurt/M. aaO.; das RG geht auf diesen Unterschied nicht ein.
[45] RArbG. aaO.
[46] F r i e d e m a n n in: Ufita 1928, 559 (Der dort veröffentlichte Aufsatz beruhte auf einem Vortrag, den Friedemann anfangs 1927 gehalten hatte).
[47] Willy H o f f m a n n, Die Berner Übereinkunft zum Schutze von Werken der Literatur und Kunst, Verlag Julius Springer, Berlin, 1935, S. 222 (mit Literaturhinweisen) und in: Juristische Wochenschrift 1936, 1502 (rechte Spalte, 4. Absatz von unten).

die herrschende Meinung sei anders[48]), dürfte darin nicht mehr als eine subjektive Meinungsäußerung der Verfasser zu erblicken sein. Erst noch im neuesten Schrifttum hat sich u. a. *Friedlaender* für das originäre UR des Filmherstellers ausgesprochen und die Bedenken, eine juristische Person könne geistig nicht schaffen, als unbegründet zurückgewiesen[48a]).

c) Von den Gesetzesentwürfen, die heute noch Bedeutung für die Reformarbeiten haben[49]), hat sich der *Entwurf Hoffmann 1933* (Entw. Hoffmann 33) für das originäre UR des Filmherstellers ausgesprochen[50]). Hoffmann schlug folgende Gesetzesbestimmung vor (§ 4 Abs. 2):

> Das Urheberrecht an einem gewerbsmäßig hergestellten Werke der Filmkunst steht dem Unternehmer zu, auch wenn dieser eine juristische Person ist.

Der Entwurf des Reichsjustizministeriums 1932 *(AmtlEntw. 32)*[51]) sah zugunsten des Filmherstellers die cessio legis mit Geltung für die Werknutzungsrechte am Film vor, ließ aber die Filmurheberschaftsfrage als solche ungeregelt (§ 21 Abs. 1). In der neuen Fassung des *GesEntw. von 1934* (unveröffentlicht) hat das BJMin. die cessio legis fallen gelassen und statt dessen dem Filmhersteller das originäre UR am Filmwerk mit folgender Bestimmung zugesprochen (§ 5 Abs. 2):

> An gewerbsmäßig hergestellten Filmwerken hat der Inhaber des Unternehmens das Urheberrecht; doch bleiben die Rechte an den zur Herstellung benutzten Werken (z. B. an dem verfilmten Roman, der Filmhandschrift, der Filmmusik) unberührt.

Das BJMin. verweist dafür im wesentlichen auf folgende Gründe: die führende Rolle des Filmherstellers beim Zustandekommen des Werkes (Anstoß zur Herstellung des Films; Bereitstellung der Mittel zur Schaffung des Werkes; Tätigwerden der mitwirkenden Personen für ihn und nach seinen Weisungen); die mitschöpferische Tätigkeit des Filmherstellers (Eingriff in die Ausgestaltung des Werkes allein oder im Zusammenwirken mit der Produktionsleitung); Gefahr der

---

[48]) So Runge, aaO. S. 263 f.; Voigtländer-Elster-Kleine, aaO. S. 95; Ulmer, Urheber- und Verlagsrecht, S. 130 ff.; von Metzler in: GRUR 1952, S. 16 f. — In der Begründung zum Amtl. Entw. 32 (Seite 40) hieß es, daß dieser es „in Übereinstimmung mit dem geltenden Gesetz" ablehne, als Urheber von gewerbsmäßig hergestellten Werken der Kinematographie stets den Unternehmer zu behandeln, auf dessen Rechnung ein solches Werk geschaffen wurde. Ein solcher Hinweis, auf den sich Voigtländer-Elster-Klein berufen, findet sich in der Begründung des vom RJMin. umgearbeiteten GesEntw. 1934 nicht mehr. Der Hinweis war mißverständlich, weil er, ohne überhaupt die Rechtsprechung zu erwähnen, vom geltenden „Gesetz" sprach und dadurch den Eindruck erwecken konnte, er meinte geltendes „Recht", während gerade das geltende Recht, wie durch die obigen Ausführungen (Ziffer 2a) hinreichend belegt sein dürfte, das originäre UR des Filmherstellers mitumfaßt, nachdem die Rechtsprechung die im Gesetz hervorgetretene Lücke einheitlich in diesem Sinne geschlossen hatte.

[48]a) In: Steuer und Wirtschaft, 1955, S. 338 f.

[49]) Zusammengefaßt und verglichen von Eduard Reimer, Vergleichende Darstellung der geltenden deutschen Gesetzestexte und früherer Gesetzesentwürfe zum deutschen Urheberrecht. Verlag Chemie G. m. b. H., Weinheim/Bergstraße, 1950.

[50]) Willy Hoffmann, Ein deutsches Urheberrechtsgesetz. Verlag Franz Vahlen, Berlin, 1933.

[51]) Entwurf eines Gesetzes über das Urheberrecht an Werken der Literatur, der Kunst und der Photographie, mit Begründung. Veröffentlicht durch das Reichsjustizministerium, Berlin, 1932.

Zerstäubung des UR (zumeist nicht feststellbar, wer im einzelnen am Filmwerk schöpferisch mitgewirkt hat und welcher Anteil an der Urheberschaft jedem Beteiligten zusteht); unerträgliche Rechtsunsicherheit als Folge einer solchen Zerstäubung des UR.

An Ansprüchen aus dem droit moral gewährte der GesEntw. 1934 den schöpferisch mitwirkenden Kräften das Recht auf Nennung (§ 10 Abs. 5) und den Schutz gegen unzulässige Änderungen des Filmwerkes (§ 21 Abs. 3), ließ aber die Möglichkeit zu, darüber vertragsrechtliche Regelungen zu treffen, die allein durch die allgemeinen Vorschriften, insbesondere § 138 BGB, beschränkt sein sollten.

Der Entwurf der Akademie für Deutsches Recht von 1939 *(AkadEntw. 39)*[52]) bezog eine vermittelnde Stellung. Nach seinen Vorschlägen sollte der Filmhersteller das Werknutzungsrecht am Film kraft Gesetzes erwerben, insoweit also originär berechtigt sein (§ 19 b). Die Frage des Filmurhebers aber wurde offen gelassen. Dem Filmhersteller wurden am Filmwerk auch Ansprüche aus dem droit moral zuerkannt. Er sollte berechtigt sein, Unterlassung und Schadenersatz zu fordern, wenn das Filmwerk durch die Art der Verwertung in seinem geistigen und künstlerischen Gehalt beeinträchtigt wird; Ansprüche der Urheber des Filmwerkes und der für den Film benutzten Werke sollten dadurch nicht berührt werden (§ 19 b Abs. 2).

Der Referentenentwurf des Bundesjustizministeriums von 1954 *(RefEntw. 54)*[53]) spricht sich für das originäre UR des Filmherstellers in Form einer Fiktionsbestimmung aus. Die vorgeschlagene Gesetzesbestimmung (§ 93), für die der RefEntw. als Überschrift die Bezeichnung „Urheber des Filmwerks" gewählt hat, lautet:

(1) Als Urheber eines Filmwerkes gilt der Inhaber eines Unternehmens, welches das Filmwerk hergestellt hat (Filmhersteller).

(2) Die Urheberrechte an den zur Filmherstellung benutzten Werken (wie Roman, Drehbuch und Filmmusik) bleiben unberührt.

Der RefEntw. bringt schon in der Formulierung den Ausnahmecharakter einer solchen Regelung zum Ausdruck. In der Begründung heißt es, daß der Filmhersteller nicht der wirkliche Urheber des Filmwerkes sei, sondern daß nur praktische und wirtschaftliche Notwendigkeiten dazu geführt hätten, dem Hersteller „die Rechtsstellung eines Urhebers" einzuräumen. Dem Ergebnis nach unterscheidet sich die Fiktionsbestimmung jedoch nicht von einer echten Urheberschaftsregelung in der Art des Hoffmannschen Entwurfs[54]).

Dem Filmhersteller werden mit dem UR am Filmwerk grundsätzlich auch die dem Urheber eines Werkes zustehenden Rechte aus dem

---

[52]) Die Neugestaltung des deutschen Urheberrechts. Die Vorschläge des Fachausschusses für Urheber- und Verlagsrecht der Deutschen Arbeitsgemeinschaft für gewerblichen Rechtsschutz und Urheberrecht in der Akademie für Deutsches Recht. Berlin und München, 1939.

[53]) Referentenentwürfe zur Urheberrechtsreform. Veröffentlicht durch das Bundesjustizministerium. Bonn 1954. Abgedruckt in Haertel-Schneider, Taschenbuch des Urheberrechts. Carl Heymanns Verlag KG., Köln—Berlin, 1954, S. 495 ff.

[54]) Siehe Ulmer in: GRUR 1955, 519.

droit moral zuerkannt, durch Sondervorschrift aber für bestimmte Anwendungsfälle ausgeschlossen (§ 95). Ansprüche am Filmwerk aus dem droit moral des Personenkreises der Filmschaffenden werden allein dem Regisseur kraft Sondervorschrift zugestanden; seine Ansprüche beschränken sich auf die Geltendmachung des Verbots wegen Entstellung seiner Leistung, betreffen der Sache nach aber das Verbot des filmischen Gesamtwerkes (§ 96). Der RefEntw. erachtet es für zumutbar, daß den anderen Mitwirkenden (Filmschaffenden) das droit moral vorenthalten wird[55]).

d) Von den europäischen Ländern mit Urheberrechtsgesetzen älteren Datums hatten Polen, Portugal und die Tschechoslowakei den Fragenkreis der Filmurheberschaft als erste gesetzlich geregelt.

Polen sprach mit Gesetz von 1926 dem Filmhersteller das UR am Filmwerk zu[56]). *Portugal* bestimmte mit Gesetz von 1927, daß Urheber des Filmwerkes derjenige ist, der den Film hergestellt hat, was wohl richtig dahin zu verstehen ist, daß damit der Unternehmer gemeint ist[57]). Die *Tschechoslowakei* räumte mit Gesetz von 1926 das UR am Filmwerk, sofern nichts Gegenteiliges vereinbart wurde, dem Regisseur in der Stellung eines Bearbeiters ein[58]). Die Gesetze Polens und der Tschechoslowakei wurden inzwischen durch neue Gesetze abgelöst. Die Tschechoslowakei ging zum UR des Filmherstellers über[59]). Polen behielt im neuen Gesetz die alte Regelung bei[60]). In Portugal gilt auch heute noch das Gesetz von 1927 mit der darin getroffenen Filmrechtsregelung.

Auf Grund allgemeiner Vorschriften ist in *England* der Filmhersteller der Träger des Copyright am Film. In den *USA* entscheidet das Registrierprinzip; der Filmhersteller läßt das Copyright am Film regelmäßig mit Geltung für sich registrieren.

In anderen Ländern ergingen Entscheidungen durch die Rechtsprechung, so mit zunächst schwankender Auffassung, zuletzt aber in Ablehnung des UR des Filmherstellers in *Frankreich* und *Belgien,* dagegen einheitlich im Sinne eines solchen Rechts in *Ungarn* (1934), in *Finnland* (1936) und in den *Niederlanden* (1943)[61]).

---

[55]) Begründung S. 221

[56]) Willy Hoffmann, Urheberrechtsgesetze des Auslandes. Verlag Franz Vahlen, Berlin, 1939, S. 198.

[57]) Willy Hoffmann, aaO. S. 212. Uber die Meinungsverschiedenheiten in der Auslegung siehe bei Werhahn in: Ufita Bd. 18 (1954), S. 178.

[57]) Willi Hoffmann, aaO. S. 212. Uber die Meinungsverschiedenheiten in der Aus-

[59]) Knap in: Ufita Bd. 22 (1956), S. 269 ff. mit deutschsprachiger Gesetzesfassung im gleichen Heft der Ufita S. 309 ff., auch als Broschüre erschienen (Verlag für angewandte Wissenschaften G. m. b. H., Baden-Baden).

[60]) Werhahn, aaO. S. 185.

[61]) Werhahn, aaO. S. 178 ff. (Frankreich), 180 f. (Belgien), 185 (Ungarn), 183 (Finnland), 181 (Niederlande).

Von den Ländern mit neueren Urheberrechtsgesetzen haben Österreich und Italien den Fragenkreis der Filmurheberschaft im Gesetz mit geregelt[62]).

Österreich sprach im Urheberrechtsgesetz von 1936 die Werknutzungsrechte am Filmwerk dem Filmhersteller zu und bekannte sich insoweit zum Prinzip eines originären Rechtserwerbs (§ 38). Die Regelung der Filmurheberschaftsfrage wurde den Vertragsteilen überlassen. Nur Personen, die der Filmhersteller in den von ihm ausgehenden Ankündigungen als Urheber bezeichnet hat, können Dritten gegenüber Ansprüche aus der Filmurheberschaft geltend machen. Das österreichische UrhGes. hat mit dieser Art der Regelung einen Fall der im obigen Abschnitt II Ziff. 10 behandelten Methode des dispositiven Rechts zur Geltung gebracht[63]).

Italien regelte im Urheberrechtsgesetz von 1941 die Filmurheberschaft auf der Grundlage der Miturheberschaft[64]). Als Miturheber des Filmwerkes werden angesehen: der Urheber des literarischen Stoffes, der Urheber des Drehbuches, der Urheber der Musik und der künstlerische Leiter (§ 44). Dem Filmhersteller wurde das Recht der wirtschaftlichen Verwertung des Filmwerkes und zwar auf die Dauer von 30 Jahren eingeräumt (Art. 46). In Fragen des droit moral ist der Hersteller berechtigt, notwendige Änderungen an filmisch benutzten Werken von sich aus, Änderungen am Filmwerk aber grundsätzlich nur in Übereinstimmung mit den beteiligten Urhebern vorzunehmen (Art. 47). Den Urhebern des Filmwerks steht der Anspruch auf Namensnennung zu (Art. 48). Die Regelung der Filmurheberschaft in Form einer Miturheberschaft erklärt sich auch hier aus der dem deutschen Rechtsdenken fremden Vorstellung der „collaboration" im Sinne der Begriffsbildung des französischen Rechts.

Von den Urheberrechtsgesetzen aus der Nachkriegszeit haben sich für das originäre Urheberrecht des Filmherstellers ausgesprochen: *Guatemala* mit Dekret Nr. 1037 vom 8. Februar 1954[65]), die *Tschechoslowakei* mit Gesetz vom 23. Dezember 1953[66]), *Polen* mit Gesetz vom 10. Juli 1952[67]), *Bulgarien* mit Gesetz vom 12. November 1951[68]), die *Türkei* mit Gesetz vom 10. Dezember 1951[69]) und *Japan* mit Gesetz in

[62]) Werhahn, aaO. S. 174 (Österreich), 176 (Italien).

[63]) Siehe obige Fußnote 37.

[64]) Deutschsprachig mit Geleitwort von Julius Kopsch in: GRUR 1942, 93 ff., 117 ff.

[65]) In französischer Fassung: Droit d'auteur. 1954, S. 105 ff.; deutschsprachige Fassung demnächst in Ufita. — Vgl. Werhahn, aaO. S. 186 f.

[66]) In französischer Fassung: Droit d'auteur. 1954, S. 179 ff., 198 ff.; deutschsprachig: siehe obige Fußnote 59.

[67]) Werhahn, aaO. S. 185. — In französischer Fassung: Droit d'auteur. 1953, S. 13 ff.; deutschsprachig: Blatt für Patent-, Muster- und Zeichenwesen. 1955, S. 27 ff., 71 ff.

[68]) Werhahn, aaO. S. 184 f. — In französischer Fassung: Droit d'auteur. 1954, S. 4 f.

[69]) Werhahn, aaO. S. 183 f. — In französischer Fassung: Droit d'auteur. 1952, S. 85 ff.; deutschsprachig: Blatt für Patent-, Muster- und Zeichenwesen. 1952, S. 343 ff., 377 ff.; deutschsprachig mit Einführung und Erläuterungen von Hirsch, Das neue Urheberrechtsgesetz der Türkei. 1956, Heft 4 der Schriftenreihe der Ufita.

der Fassung vom 2. Mai 1950[70]). Von sonstigen Ländern innerhalb und außerhalb der RBÜ haben *Ägypten* mit Gesetz vom 24. Juni 1954[71]) und *Paraguay* mit Gesetz vom 5. Juli 1951[72]) für den Film Formen einer Miturheberschaft festgelegt. *Jugoslawien* (Gesetz vom 25. Mai 1946)[73]), *Rumänien* (Gesetz vom 19. Juli 1946)[74]) und *Mexiko* (Gesetz vom 31. Dezember 1947)[75]) haben von einer gesetzlichen Regelung der Filmurheberschaft abgesehen.

Unverkennbar zeigt sich hiernach für das Ausland in steigendem Maße die Tendenz zur Anerkennung des originären UR für den Filmhersteller. Auf eine solche Tendenz hatte schon, wenngleich zumindest de lege lata ablehnend, das Schweizer Bundesgericht in seinem Tonfilmurteil vom 16. März 1948 hingewiesen[76]). Beachtlich ist, daß Länder mit sozialistischer Verfassung, wie Polen, Bulgarien und die Tschechoslowakei gesetzgeberische Maßnahmen in gleicher Richtung getroffen haben. Angesichts dieser Tatsache versagt der Einwand, daß die Lösung der Filmurheberrechtsfrage im Sinne des originären UR für den Filmhersteller eine kapitalistische und urheberfeindliche Maßnahme sei[77]).

e) Die RBÜ, durch die seit der Berliner Fassung (1908) der urheberrechtliche Schutz für den Film zwingend festgelegt wurde (Art. 14), hat die Frage der Filmurheberschaft zur Regelung durch die Verbandsländer bisher offen gelassen. Auch durch die Filmrechtsbeschlüsse der Brüsseler Konferenz hat sich daran nichts geändert[78]).

Die Vorschriften der Romfassung (Art. 14 Abs. 2) und der Brüsseler Fassung (Art. 14 Abs. 3) setzen, auch dem Wortlaut nach, die Existenz von Urhebern beim Film voraus, legen aber den Schutz mit Geltung für das Filmwerk fest. Anläufe für eine Regelung der Filmurheberschaft wurden auf der Romkonferenz (1928) genommen. Damals war der Tonfilm erst im Kommen. In dem für die Romkonferenz vorgelegten Revisionsprogramm hatten das Berner Büro und die italienische

---

[70]) Werhahn, aaO. S. 187. Werhahn versteht die einschlägigen Gesetzesbestimmungen (Art. 22b und Art. 22c) anders. Vgl. Hoffmann, Urheberrechtsgesetze des Auslandes, S. 113, zu diesen schon in der früheren Gesetzesfassung enthaltenen Bestimmungen: „Inhaber des UR am Filmwerk ist der Hersteller, und zwar auch dann, wenn das Filmwerk lediglich die filmmäßige Wiedergabe anderer Werke ist." — In französischer Fassung: Droit d'auteur. 1953, S. 126 ff.; deutschsprachig: Blatt für Patent-, Muster- und Zeichenwesen. 1955, S. 339 ff.

[71]) In französischer Fassung: Droit d'auteur. 1955, S. 61 ff., 77 ff.

[72]) Werhahn, aaO. S. 187. — In französischer Fassung: Droit d'auteur. 1952, S. 25 ff.; deutschsprachig: Blatt für Patent-, Muster- und Zeichenwesen. 1952, S. 342 ff.

[73]) Werhahn, aaO. S. 185. — In französischer Fassung: Droit d'auteur. 1949, S. 124 ff.

[74]) In französischer Fassung: Droit d'auteur. 1947, S. 37 ff., 49 ff., 82.

[75]) In französischer Fassung: Droit d'auteur. 1948, S. 49 ff., 70 ff., 93 ff.; deutschsprachig: Blatt für Patent-, Muster- und Zeichenwesen. 1955, S. 277 ff., 309.

[76]) In Ufita Bd. 19 (1955), S. 370.

[77]) Justus Koch erklärte in: Ufita 1934, S. 266, daß die Statuierung eines Urheberrechts für den Hersteller „das legitime Kind rein kapitalistischen Denkens" sei. Die Mißachtung der Persönlichkeit der Mitarbeiter sei „so unsozial wie möglich" und entspräche einer „bemerkenswerten Mißachtung geistiger Leistungen im Vergleich zu Vermögensinteressen".

[78]) Siehe Baum in: GRUR 1949, 34, und GRUR 1952, 481.

Regierung auf eigene Vorschläge für eine solche Regelung verzichtet, in der Begründung aber erklärt, daß der Filmhersteller der Urheber des Films im Sinne des Art. 14 Abs. 2 RBÜ ist[79]).

Diese maßgebliche Stellungnahme bestätigt, daß sich die Verbandsländer, wenn sie eine gesetzliche Regelung im Sinne des originären UR des Filmherstellers treffen, nicht nur im Rahmen der Konventionsverpflichtungen halten, sondern sich auch nicht in Widerspruch zu Grundgedanken der internationalen Rechtsentwicklung setzen.

3. Die These von der organisierten Gemeinschaftsarbeit

Die Erkenntnis von der Eigenart des Filmschaffens hatte sich inzwischen weiter vertieft. *Willy Hoffmann, de Boor, Ruszkowski* entwikkelten die These von der Gemeinschaftsarbeit des Filmschaffens und gewannen mit ihr eine neue Grundlage zur Beurteilung der Filmurheberschaftsfrage für die Zwecke der Rechtsreform.

Das RG hatte schon zuvor von den eigenen Gesetzen des Films und im Zusammenhang damit von Mitarbeiterschaft und Gemeinschaftsarbeit gesprochen[80]). In der Charakterisierung durch solche Begriffshinweise kam aber noch nicht der dem Filmschaffen wesentliche Unterschied zur Einzelschöpfung und zu den auf ihr basierenden Formen der Miturheberschaft zum Ausdruck. Dieser Unterschied mußte erst erkannt werden, damit aus ihm rechtliche Schlüsse für das filmische Werkschaffen gezogen werden können.

a) *Hoffmann*[81]) läßt die Ähnlichkeit mit der Betriebserfindung gelten. Der bloße Begriff der Gemeinschaftsarbeit sage aber nicht genug. Die Gemeinschaftsarbeit beim Film sei durch Umstände besonderer Art gekennzeichnet.

Hoffmann betont für den Charakter der filmischen Gemeinschaftsarbeit die Zusammenhänge zwischen der synchronistischen Einheit des Filmwerkes (von Hoffmann „Filmkunstwerk", „Gesamtkunstwerk" und „Gesamtwerk" bezeichnet), der Einheit des am Filmwerke bestehenden Urheberrechts („daß am Tonfilm nur ein einziges Urheberrecht besteht") und der Einheit des Trägers dieses Rechts (Unternehmer). Eine freie Zusammenarbeit, die Miturheberrechte begründen würde, scheide aus.

---

[79]) Actes de la Conférence de Rome. 1929, S. 80: „c'est lui (= l'entrepreneur) qui est l'auteur du film dans le sens de l'article 14, alinéa 2, même quand le film aurait été créé, en son nom, par les scénaristes, les metteurs en scène, les acteurs et les photographes. La Convention ne se prononcerait pas sur la question de savoir lesquelles de ces personnes devraient être considérées comme collaborateurs; elle abandonnerait ce soin aux lois et à la jurisprudence de chaque pays contractant."

[80]) RGZ 107, 65 f., 67.

[81]) Willy Hoffmann, Ein deutsches Urheberrechtsgesetz, S. 32 ff.; ders., Gedanken zum Urheberrecht am Tonfilm in: Juristische Wochenschrift. 1936, S. 1501 ff.

Der Schwerpunkt der Arbeit liege beim Unternehmer oder demjenigen seiner leitenden Angestellten, der an seiner Stelle den Film schafft. Von dieser Persönlichkeit gehe die Idee zum Film aus; sie bestimme den Stoff des Films; sie lege die Handlung mit den beteiligten Personen fest; sie erteile den Drehbuchauftrag; sie überarbeite das Drehbuch zusammen mit dem Regisseur des Films; sie vergebe den Auftrag zur Schaffung der Filmmusik; sie beeinflusse durch stete Mitwirkung noch während der Herstellung abändernd und neugestaltend den Film.

Diese Überlegungen faßt Hoffmann dahin zusammen, daß alle Beiträge und Leistungen erst Gestalt durch die ordnende, auswählende, zusammenfassende Tätigkeit eines Einzelnen erhalten. Dies sei der Unternehmer. Er verwirkliche den dem Filmwerk unterlegten Gedanken mit den Formungsmitteln des Filmkunstwerkes. Erst durch die organisatorische und organische Zusammenfassung aller dieser Einzelheiten sei das Neue in der Gestalt des Filmkunstwerkes entstanden.

Aus einer solchen Grundbetrachtung des Filmschaffens erwuchs der Gesetzesvorschlag, den Hoffmann in seinem Entw. 33 zur Normierung des UR des Filmunternehmers auch für den Fall unterbreitete, daß es sich um keine physische, sondern um eine juristische Person handelt.

b) *De Boor*[82]) untersucht das Filmschaffen in seiner Beziehung zum Urheberbegriff. Er sieht das Besondere beim Film in der Vielzahl derer, die zusammenwirken und in der straffen Organisation dieses Zusammenwirkens. Das Wesen des Films liege in der Schöpfung eines Geisteswerkes durch organisierte Gemeinschaftsarbeit. Das Thema des bisherigen Urheberrechts sei aber der einzelne Urheber gewesen, den es als Individuum zu schützen gilt. Noch der AmtlEntw. 32 habe sich das Urheberrecht nicht anders vorstellen können; diesem Entw. sei es undenkbar erschienen, das Filmurheberrecht dem Filmunternehmer zuzusprechen, weil immer nur der schöpferische Mensch Träger eines Urheberrechts sein könne. Auch wenn mehrere zur Schöpfung eines Geisteswerkes zusammenwirken, sei die rechtliche Gestaltung zu individuell gewählt worden und sei daher verfehlt; man habe auf das Recht der Gemeinschaft zurückgegriffen, das für solche einzelne gilt, die durch irgendeinen Zufall gemeinsam Träger eines Vermögensrechts geworden sind.

De Boor geht den Formen einer organisierten Gemeinschaftsarbeit im Urheberrecht nach. Er findet sie bei Sammelwerken, bei der Betriebserfindung, der Theateraufführung, der Zeitung und auch in der

[82]) de Boor, Zur Reform des Filmrechts in: Zeitschrift der Akademie für Deutsches Recht. 1935, S. 830 ff. Hoffmann hat seinerseits in dem bereits zitierten Aufsatz in der Juristischen Wochenschrift, 1936, 1501 ff., die Gedankengänge de Boors aufgegriffen und weitergeführt. Hoffmann spricht dort von „Kollektivunternehmen" und „Kollektivleistungen größten Umfangs", die durch den Film in das Urheberrecht eingetreten seien. Jeder urheberrechtlich Beteiligte trage das seiner Werkgattung Entsprechende bei, aber erst durch die organisatorische Zusammenfassung und Leitung entstehe das Neue und Ganze (aaO. S. 1503).

Wissenschaft, so beim Wörterbuch der Preußischen Akademie und beim Statistischen Jahrbuch.

Das Filmschaffen sei nicht die einzige Form der organisierten Gemeinschaftsarbeit. Sie sei aber durch den Charakter der Werkschöpfung, anders als etwa die Theateraufführung, die nicht Schöpfung, sondern Darstellung des Geisteswerkes sei, als Werkschöpfung gekennzeichnet.

Fällen einer Werkschöpfung durch organisierte Gemeinschaftsarbeit könne man nicht durch Austeilung von Urheberrechten an einzelne gerecht werden, das Urheberrecht müsse vielmehr dem Träger der Organisation und ihm allein zustehen. Dies besage in seiner Anwendung auf die Filmrechtsreform, daß das Urheberrecht am Film niemand anderem als dem Filmunternehmer zugeteilt werden könne. Dazu gehöre auch das Urheberpersönlichkeitsrecht. Hier störe lediglich eine falsche Vokabel. Nicht die Persönlichkeit als solche sei zu schützen. Geschützt werde die Beziehung des Urhebers zu seinem Werke, wie dies auch bei den Verwertungsrechten nicht anders sei. Das Filmwerk sei vor Verstümmelungen und Verschandelungen zu schützen. Diese Funktion falle gleichfalls dem Unternehmer zu.

De Boor bezieht die Einzelleistungen der Filmschaffenden auf das Ganze der Werkschöpfung. Die Leistungen der einzelnen Mitschaffenden könnten erst innerhalb der Arbeitsgemeinschaft erbracht werden und erhielten erst von da aus ihren Sinn. Die Leistungen des Regisseurs und der führenden Schauspieler seien durch eigenpersönliche Prägung von den Leistungen der großen Mehrzahl der rein arbeitsrechtlich tätigen Filmschaffenden unterschieden. Aber selbst solche eigenpersönlichen Leistungen blieben noch innerhalb des Ganzen als Einzelleistungen kenntlich.

Soweit Filmschaffende eigenpersönliche Leistungen erbringen, seien sie auch zu schützen, aber nicht durch ein Urheberrecht, sondern in der Art ausübender Künstler. Die persönlichkeitsrechtliche Seite des Schutzes betreffe Namensnennung und den Schutz gegen Verschandelung.

Im Rahmen einer solchen Gesamtkonzeption kommt dem Drehbuchverfasser und dem Komponisten keine filmurheberschaftliche Bedeutung zu. De Boor trennt für den Personenkreis der Filmurheberschaft zwischen Filmwerk und filmisch benutzten Werken. Das Drehbuch sei regelmäßig vor dem Film da; es sei eine selbständige geistige Schöpfung, und es werde „verfilmt". Das gleiche gelte für die Musik; sie stehe nicht neben dem Film, sondern sie gehe in die Filmschöpfung ein und werde ein Teil derselben. Für Drehbuch und Musik seien die Bearbeitungsregeln auch praktisch brauchbar. Urheberrechtlich gelte hier nichts anderes als bei anderen Bearbeitungen auch.

Obgleich sich de Boor in der jetzigen Periode der Auseinandersetzungen um die Urheberrechtsreform (ab RefEntw. 54) für die Ulmersche These vom bloßen Leistungsschutz des Films erklärt hat[83]), behalten die von ihm zuvor entwickelten Gedankengänge ihre Bedeutung, weil sie auf Erkenntnissen beruhen, die richtig sind und auch ohne die Person, die sie gewonnen hat, fortbestehen. Da inzwischen Ulmer selbst seine Auffassung revidiert hat und für den Film wieder urheberrechtlichen Schutz gelten läßt, bleibt nach wie vor die Filmurheberschaft als ein urheberrechtliches Problem bestehen und zu lösen.

c) *Ruszkowski*[84]) kritisiert die Versuche, dem Filmhersteller lediglich ein abgeleitetes Urheberrecht zuzuerkennen, sei es auf Grund einer vertraglichen Rechtsübertragung, sei es auf Grund einer cessio legis. Solche Vorschläge zielten mehr auf die Art des urheberrechtlichen Schutzes als auf die Lösung des Problems der Urheberschaft am Filmwerke ab. Das Problem sei auch nicht durch ein Miturheberrecht des Filmherstellers zu lösen. Die Lösung könne nur in bezug auf das Gesamtwerk gewonnen werden.

Ruszkowski prüft die Frage, ob der alte Grundsatz, daß lediglich eine physische Person als geistiger Schöpfer angesehen werden kann, tatsächlich unterschiedslos auf alle Arten von Geisteswerken anzuwenden sei. Dieser Grundsatz erkläre sich nur aus den Werken, die bekannt waren, als man ihn aufstellte, so daß sich andere Werke, darunter insbesondere die Filmwerke, nicht in den Rahmen fügen, den man damals für die Geisteswerke geschaffen hat.

Das Schaffen eines Filmwerkes übersteige die Kraft eines Einzelnen und auch einer Mehrzahl von Individuen, wenn nicht eine besondere Organisation hinzutrete. Die Individuen seien zwar Mithelfer am Werke, aber ihr Werkschaffen gehe im Schaffen des neuen Wer-

[83]) de Boor in: Ufita Bd. 18 (1954), S. 274: „Die richtige Lösung des vielumstrittenen Problems hat Ulmer gegeben." Diese Zustimmung bezieht sich auf die Ulmersche Konzeption in ihrer ursprünglichen Prägung, wie nicht nur aus dem Zeitpunkt der Zustimmung, sondern auch aus der von de Boor beigegebenen Literaturverweisung (Ulmer in: GRUR 1952 S. 5 ff. und GRUR Auslandsteil 1953, S. 182) hervorgeht. De Boor mag zugestimmt haben, weil er — wie Baum (vgl. obige Fußnote 18) — der Auffassung war und sein konnte, daß gerade nach der Ulmerschen These die Urheber filmisch benutzter Werke eben keine Urheber des Filmwerkes sind. So fährt de Boor anschließend an seine Zustimmung zur Ulmerschen Lösung fort: „Was an Werkschöpfung im Film steckt, das sind das Drehbuch, die Filmmusik und das Bühnenbild. Sie sind der eigentlichen Herstellung des Films vorgegeben. Das meint ja auch der Entwurf (= RefEntw. 54), der ihre Urheberrechte unberührt läßt und von ihrer Benutzung spricht (§ 93 II)." Später hat sich de Boor zu Fragen der Filmrechtsreform nicht mehr geäußert, so daß eine ausdrückliche Stellungnahme von ihm zu Ulmers inzwischen gewandelter Lösung nicht vorliegt. In diesem Zusammenhange fällt aber auf, daß de Boor bei seiner Besprechung der Arbeiten zur deutschen Urheberrechtsreform (in: Droit d'auteur, 1935, S. 155 ff., 179 ff., und Ufita Bd. 21, 1956, S. 139 f.) widerspruchslos auf Roebers Kritik an der Ulmerschen Lösung ursprünglicher Fassung (Roeber in: Ufita Bd. 18, 1954, S. 9 und S. 283) und kommentarlos auf Ulmers neue Darlegungen (in: GRUR 1954, S. 493 ff.) verweist und lediglich die Bemerkung einfügt, daß im Grundsätzlichen nichts zu berichten sei, was nicht schon bekannt wäre.

[84]) André Ruszkowski, L'œuvre cinématographique et les droits d'auteur. Recueil Sirey. Paris, 1936. Deutschsprachiger Auszug davon unter dem Titel „Der Urheber des Filmwerkes" erschienen in: Ufita 1936, 168 ff.; Besprechung des vorbezeichneten Buches durch Willy Hoffmann in: Ufita, aaO. S. 219 f.

kes auf. Alle Einzelheiten vereinten sich in der großen Einheit des Schaffens. Der Filmhersteller ordne und leite dieses Schaffen. Geordnete Gemeinschaftsarbeit rechtfertige das Urheberrecht auch für juristische Personen. Der Filmhersteller sei der Urheber des Filmwerkes nicht nur auf Grund einer gesetzlichen Fiktion, sondern gemäß den wirklichen Tatsachen. Eine solche Lösung sei aber nur als Sonderfall für das Filmwerk mit Rücksicht auf dessen Sondernatur vertretbar. Für alle anderen Gruppen von Geisteswerken bleibe der alte Grundsatz voll in Geltung.

Auch Ruszkowski trennt die Urheber filmisch benutzter Werke vom Personenkreis der Filmurheberschaft ab. Vom Urheber des Filmwerks sei der Urheber von Werkbeiträgen unterschieden. Wer das Drehbuch geschrieben hat, bleibe dessen Urheber und werde nicht zum Urheber des Filmwerkes.

d) Aus einer solchen Vertiefung der Betrachtungen lassen sich für die Zwecke der Urheberrechtsreform in Anwendung auf den Film zwei rechtliche Grunderkenntnisse ableiten:

1. Es gibt eine urheberrechtsbegründende Unternehmertätigkeit, und diese kann auch von einer juristischen Person geleistet werden.
2. Es gibt Werke, die, wie die Filmwerke, nicht lediglich aus der Tätigkeit eines einzelnen oder einzelner, sondern aus der betriebsgebundenen Organisation eines Kollektivschaffens hervorgehen, und die darum ein originäres UR für die juristische Person, insbesondere für den Filmhersteller, rechtfertigen.

Selbst wenn das Filmschaffen die einzige Form urheberrechtlichen Kollektivschaffens bliebe, wie *Ruszkowski* im Unterschied zu *de Boor* meint, hätte das Ergebnis zu 2), obschon keine allgemeine, so doch eine spezielle Bedeutung für das Filmschaffen und die Lösung der Filmurheberschaftsfrage.

4. Die Rolle der Technik

Mit Hilfe der Technik wurden bereits bekannte Möglichkeiten der Verwertung von Urheberrechtsgut vermehrt, neue Formen einer Verwertung für das Urheberrechtsgut erschlossen und in Gestalt des Films neue Formen der Entstehung von Urheberrechtsgut geschaffen.

a) Die öffentliche Aufführung von Werken der Tonkunst war bekannt. Durch die Fixierung solcher Werke auf Schallplatte oder Tonband wurde die Möglichkeit einer beliebig häufigen Reproduktion an beliebig vielen Orten gegeben. Tonband und Schallplatte wirken als technisches Mittel der Wiedergabe urheberrechtlich geschützter Werke.

Die Lautsprecherübertragung ist möglich für original erbrachte oder mechanisch reproduzierte Darbietungen. Der Kreis der Aufnehmenden wird durch die Zwischenschaltung des Lautsprechers erweitert. Der Lautsprecher gibt nur weiter, was durch ihn übertragen wird. Er ist ein technisches Hilfsmittel zur Wahrnehmbarmachung urheberrechtlich geschützter Werke.

Hörfunk und Television verbinden die Vorgänge der originalen oder mechanischen Reproduktion von Darbietungen mit deren Übertragung durch die Hertz'schen Wellen und ermöglichen durch die Zwischenschaltung des Lautsprechers den Empfang der Sendung für einen zahlenmäßig unbegrenzten Personenkreis. Für das gesendete Werk sind Hörfunk und Television Mittel der Wiedergabe. Im Verhältnis zur Sendung ist der Lautsprecher ein technisches Hilfsmittel.

Neben die Vervielfältigung eines Werkes durch Druck trat die Vervielfältigung im Photokopierverfahren. Beiden Mitteln der Vervielfältigung ist eigen, daß das Werk, so wie es fixiert ist, also nicht erst durch seine Darstellung (Aufführung, Vortrag), wiedergegeben wird. Das Druckexemplar oder die Photokopie sind Exemplare der körperlichen Festlegung des Werkes und können als solche genau so behandelt werden, wie das durch sie vervielfältigte Geisteswerk. Ein Bühnenwerk z. B. kann auf Grund des (gedruckten oder photokopierten) Werkexemplars gelesen, aufgeführt oder vorgetragen werden.

Die Hilfs- und Wiedergabemittel der Technik lassen sich untereinander kombinieren. Auf Schallplatte oder Tonband fixierte Musik kann durch Hörfunk wiedergegeben oder durch Lautsprecher übertragen werden.

b) Gegenüber diesen Hilfs- und Wiedergabemitteln der Technik nimmt der Film eine besondere Stellung ein. Er wurde bekannt als Stummfilm. Die heute beherrschende Form der Kinematographie ist der Tonfilm. Während bis dahin nur Werke der Literatur filmisch verwendet werden konnten, können nunmehr auch Werke der Tonkunst für den Film verwendet werden.

Der Film in der Bedeutung eines bloßen Materialträgers ist für die auf ihm fixierten Werke ein technisches Mittel der Wiedergabe. In dieser Bedeutung ist der Film nicht Werk, sondern Filmband.

Der Film in der Bedeutung eines Werkes vereinigt in sich ein Doppeltes: die Kopie des fertigen Films ist ein Mittel der technischen Wiedergabe des Filmwerkes, und das Filmwerk selbst entsteht unter dem Einsatz technischer Mittel der Formgebung, insbesondere dargestellt durch die Kamera für Bild, Ton und Farbe und durch den Schnitt, und fixiert auf dem Filmnegativ. Wird der Unterschied zwischen Wiedergabe und Formgebungsmittel nicht erkannt oder nicht beachtet, so gleitet das Filmwerk in seiner rechtlichen Behandlung zum Filmband ab. Statt das Filmwerk zu schützen, wird das Filmband geschützt. An die Stelle urheberrechtlichen Schutzes tritt bloßer Leistungsschutz.

Die Hilfs- und Wiedergabemittel der Technik finden Anwendung, wie auf andere Werke, so auch auf das Filmwerk für die Vorgänge seiner Auswertung. Insoweit ist das Filmwerk Urheberrechtsgut und rechtlich den anderen Werken gleichgestellt. Grenzen sind den Auswertungsmöglichkeiten lediglich durch die technischen Mittel selbst gesetzt. Das Filmwerk kann durch Television und damit verbundene Lautsprecherübertragung optisch-akustisch als synchronistisches Gesamtwerk wiedergegeben werden. In bezug auf das Filmwerk ist die Television ein technisches Mittel der Wiedergabe. Der Hörfunk dagegen kann lediglich die akustischen Vorgänge des Filmwerkes wahrnehmbar machen. Daraus aber läßt sich nicht rechtlich folgern, daß nicht das Filmwerk, sondern lediglich die im Filmwerk enthaltene Musik durch Hörfunk wiedergegeben werde. Für den Sendevorgang existiert das Filmwerk mit der ihm zugehörigen Musik. Würde statt dessen die Musik außerhalb des Filmwerks allein, wenn möglicherweise auch auf Filmband fixiert, bereits im Sendevorgang durch Hörfunk wiedergegeben, so wäre nicht das Filmwerk, sondern die Musik Gegenstand der Wiedergabe. Hier zeigt sich die Abgrenzung zwischen Filmwerk und bloßem Filmband auch in ihrer rechtlichen Bedeutung für das wiedergegebene Objekt.

c) Die Technik ist mit dem Film (Tonfilm) in die Vorgänge des Werkschaffens eingebrochen. Darin liegt die Bedeutung der Technik für das Filmschaffen und der bestimmende Unterschied gegenüber allen anderen Formen technischer Hilfs- und Wiedergabemittel, die sich lediglich an den Vorgang der Verwertung von Urheberrechtsgut wenden.

Die Technik hat auch außerhalb des Films in Vorgänge des urheberrechtlichen Werkschaffens eingegriffen, aber dann immer nur in der Bedeutung bloßer technischer Hilfsmittel. Ob der Schriftsteller seinen Roman handschriftlich im Manuskript niederlegt oder sich für die Festlegung einer Schreibmaschine oder eines Tonbandes bedient, ist für den Vorgang des urheberrechtlichen Werkschaffens und dessen werkmäßiges Ergebnis unerheblich. Durch den Einsatz lediglich technischer Hilfsmittel wird das urheberrechtliche Werkschaffen als solches nicht berührt.

Beim Filmschaffen aber verändert die Technik Art und Struktur des urheberrechtlichen Werkschaffens. Die technischen Erscheinungsformen gewinnen selbst urheberrechtliche Bedeutung. Sie werden zu Formgebungsmitteln des Werkschaffens. Der Einbruch der Technik in die Sphäre des urheberrechtlichen Werkschaffens wird um so stärker und die Auswirkung auf das Urheberrecht um so revolutionierender sein, wenn unter dem Einsatz technischer Formgebungsmittel nicht nur neue Werke, sondern auch neue Werkformen entstehen. Dies ist der Fall beim Film.

Die Bedeutung der Technik für den Film liegt nicht im Filmband, sondern im Filmwerk begründet. Die Technik wirkt formgestaltend. Unter ihrem Einsatz entsteht im Vorgang des Filmschaffens ein neues Werk und ein Werk eigener Art.

Die Kamera ist kein bloßes Aufnahmegerät, das Tonband kein bloßes Wiedergabemittel, die Farbe keine bloße Ausschmückung des Bildes. Unter dem Einsatz der Kamera wird für Bild, Ton und Farbe einem erst entstehenden Werke ein spezifischer Stempel aufgedrückt. Bild, Ton und Farbe wirken als Mittel filmschöpferischer Werkgestaltung. Die Art der Einstellung, die perspektivische Schau, die Überblendung, die Passagen, die Groß- und Kleinaufnahmen sind Gestaltungselemente des Filmschaffens. Die Technik des Tons bietet alle Möglichkeiten der Nuancierung. Der Ton kann selbst dort formgestaltend wirken, wo er nicht hervortritt. Durch das Mittel des Tons kann der Darstellung eine Ausdruckskraft verliehen werden, wie sie nach Art und Ausmaß nur dem Filmschaffen eigen ist. Die Farbe ist für den Film mehr als der Unterschied zu Schwarz/Weiß. Die Zusammensetzung, die Tönung. die Übergänge der Farben, das Tempo und die Häufigkeit des Farbenwechsels können für das Gesamtwerk so viel, wenn nicht mehr bedeuten, als das gesprochene Wort oder die beigegebene Musik. Der plastische Film hat die Wirkung der Formgebungsmittel des Filmschaffens auf das zur Zeit bekannte Höchstmaß gesteigert. Die Bezeichnung als plastischer Film mag irreführend sein. Entscheidend ist aber, daß durch die Plastik für die Filmgestaltung nahezu letzte Möglichkeiten aus den Formgebungsmitteln der Technik herausgeholt werden.

Letzter Zweck des Filmschaffens ist die Erreichung der Illusion beim Filmbesucher, er erlebe ein wirkliches Geschehen. Diese Illusion wurde schon durch die Farbe genährt, sie wird jetzt zusammen mit der Farbe noch durch die Plastik erhöht.

Der Einsatz solcher Formgebungsmittel der Technik vollzieht sich im Zusammenwirken mit den Personen des Filmschaffens. Hier verbinden sich Technik und Mensch mit den beiderseitigen Möglichkeiten, arteigene Formgebungsmittel werkschöpferisch wirksam werden zu lassen.

Diesem Vorgange der Durchdringung von Technik und Mensch gehört der Urheber der für das Filmwerk benutzten Werke nicht zu. Er scheidet als Person überhaupt aus. Benutzt wird sein Werk, sei es ein Werk der Literatur, wie Roman, Bühnenwerk, Drehbuch, sei es ein Werk der Tonkunst, sei es eine Verbindung beider Arten von Werken, wie Oper und Operette.

Das Werk wird durch „Verfilmung" Werkmasse, die in den Vorgang des Filmschaffens einfließt und mit den filmeigenen Formgebungsmitteln zu einem neuen und andersartigen Werke gestaltet wird. Verfilmung bedeutet mehr und etwas anderes als eine bloße Umsetzung des für den Film benutzten Werkes in ein anderes Ausdrucksmittel, in dem das Werk, statt in einem neuen und andersartigen Werke, dem Filmwerk, aufgegangen zu sein, als Werk fortbestände. Vervielfältigt, verbreitet und vorgeführt werden nicht Werke in der Form des Films, sondern wird das F i l m w e r k , niedergelegt im Filmnegativ, vervielfältigt und verbreitet durch Kopien und mit deren Hilfe vorgeführt.

Die ihrer werkmäßigen Herleitung nach fälschlich des öfteren als literarisch gekennzeichnete Filmhandlung kann vom Filmschaffen nicht getrennt werden [85]), wenn man nicht gerade den spezifischen Charakter des Films negieren soll. Die Filmhandlung aus dem Vorstadium des Filmschaffens zu erklären oder den Film gar aus einer für ihn erdachten Handlung rechtlich zu bestimmen, wäre etwa das gleiche, als wenn man die Zeichnung schon für das Bauwerk erklärt [86]).

5. R e c h t l i c h e S c h l ü s s e

Aus der Erkenntnis der Realität und der Eigenart des Filmschaffens ergeben sich die Schlüsse für die Begriffsbildung in einem neuen Urheberrechtsgesetz.

a) Das bisherige Rechtsdenken kennt nur den Urheber einer Einzelschöpfung. Auch wenn mehrere Urheber zusammenwirken, geschieht dies in der Bedeutung von Miturhebern an einer Einzelschöpfung. Die Miturheberschaft ist ebenso eine personelle Form der Einzelschöpfung wie die Alleinurheberschaft.

Der Film als Werkform eines Kollektivschaffens steht in unversöhnlichem Gegensatz zur Einzelschöpfung. Der auf die Einzelschöpfung abgestellte Begriff des Urhebers ist für den Film nicht gedacht und nicht verwendbar.

Im Zeitpunkt des Erlasses der in Deutschland geltenden Urheberrechtsgesetze (LitUG 1901; KSchG 1907) und der dazu erstmals mit einer Regelung des Filmrechts ergangenen Novelle (1910), waren Werkformen eines Kollektivschaffens in der Art des Filmschaffens

---

[85]) Als der Gesetzgeber vor nahezu 50 Jahren trotz Einfügung der Filmwerke in das KSchG (§ 15a) noch meinte, der Inhalt des Films sei „literarisch" und der urheberrechtliche Schutz des Filmwerkes seinem Inhalt nach von der Beschaffenheit, wie ihn das Urheberrecht für Werke der Literatur gewährt (so die Amtl. Begründung zur Novelle von 1910, zitiert bei Osterrieth-Marwitz, Das Kunstschutzgesetz, Carl Heymanns Verlag, Berlin, 1929, S. 126), war das nach dem damaligen Stande der Erkenntnis des Sachvorgangs noch verständlich. Für die jetzt angestrebte Rechtsreform sollte aber endlich verstanden werden, daß ein Filmwerk „Film" ist. Das verkennt R i e d e l , wenn er noch für das zukünftige Recht dem Spielfilm inhaltlich „literarischen" Charakter beilegt (in: GRUR 1951, S. 379). Das Auto ist ein Beförderungsmittel eigener Art und keine pferdelose Droschke.

[86]) Willy H o f f m a n n rügte eine Betrachtung, die „immer und immer auf den Entstehungsprozeß des Filmwerkes schaut und nicht auf das Ergebnis dieses Schaffens". Eine solche Betrachtung sehe in erster Linie, was vor dem Film war und was zu seinem Entstehen benutzt wurde. „Sie sieht aber über diesen vielen Einzelheiten den Film nicht." (H o f f m a n n in: Juristische Wochenschrift, 1936, S. 1502).

noch nicht bekannt oder in ihrer Eigenart und Tragweite noch nicht erkannt.

Solange mit dem Urheberbegriff der Einzelschöpfung beim Filmwerk gearbeitet wird — und unter dem geltenden Recht gearbeitet werden mußte —, ist der Widerspruch nicht von Grund auf zu lösen. Wenn das Filmwerk eine Kollektivschöpfung ist, kann für dieses Werk kein Urheber im Sinne einer Einzelschöpfung gefunden werden. Jede Regelung, die vom Urheberbegriff der Einzelschöpfung die Filmurheberschaftsfrage zu lösen versucht, erweist sich gegenüber der Realität des Sachvorgangs als eine rechtliche Fiktion. Dies gilt ebenso für Formen einer gesetzlichen Miturheberschaft (Drehbuchverfasser, Komponist, Regisseur, Filmhersteller), wie für Formen einer gesetzlichen Alleinurheberschaft (Regisseur; Filmhersteller).

Der RefEntw. 54 hat die Regelung in § 93 (Urheber des Filmwerkes) als Fiktionslösung gekennzeichnet. Die Regelung ist, weil sie auf dem Urheberbegriff der Einzelschöpfung basiert, eine Fiktion aber schon in der Sache. Ihr kommt die Bedeutung einer Ausnahme vom Urheberbegriff der Einzelschöpfung zu. Das originäre UR des Filmherstellers wäre keine Fiktionslösung mehr, wenn der Urheberbegriff der Werkform des filmischen Kollektivschaffens entspräche.

b) Ebensowenig wie die derzeitigen Gesetzesbegriffe von Urheber und Filmwerk, passen die Begriffe von Urheber und Filmhersteller zusammen.

Der Filmhersteller kann eine natürliche Person sein. In der Regel werden Filme aber durch Unternehmen in der Form juristischer Personen hergestellt (AG, G.m.b.H.). Von diesem Regelfall ist für die Begriffsbildung auszugehen. Der Rechtsbegriff Filmhersteller müßte beide Möglichkeiten in sich vereinen.

Bei Abstellung des Urheberbegriffs auf die Einzelschöpfung kann der Filmhersteller werkschöpferisch nur tätig werden, wenn er eine natürliche Person ist. Aber selbst dann hätte er, weil Filme in der Art neuzeitlicher Spielfilme kraft eigenpersönlicher Tätigkeit nicht von einer einzigen Person allein geschaffen werden können, die Stellung lediglich eines Miturhebers. Gerade aber als Miturheber verliert er die Bedeutung, der Hersteller des Films zu sein. Für die juristische Person wäre nicht einmal Miturheberschaft möglich. Trotzdem entsteht für den Filmhersteller der Film. Die urheberrechtliche Stellung des Filmherstellers muß also in anderen Voraussetzungen als denen des Urhebers einer Einzelschöpfung liegen.

Der Filmhersteller ist der organisatorische Träger des Vorgangs der Entstehung des Filmwerkes. Er schafft innerhalb des Produktionsrahmens die Voraussetzungen für die Realisierung des Filmprojekts in jedweder Form. Auf seine Veranlassung gelangen die spezifischen Formgebungsmittel des Filmschaffens zum Einsatz. Die Filmschaffenden sind für ihn tätig. Er trifft die letzte Entscheidung. Das werkmäßige Ergebnis des Filmschaffens fällt ihm zu. Die Auswertung des Films wird von ihm betrieben. In dieser Stellung ist er Filmhersteller, und nur so auch kann er als Rechtsfigur für die Entstehung und die Auswertung des Filmwerkes behandelt werden.

Ein solcher Rechtsbegriff des Filmherstellers ist nicht identisch mit dem derzeitigen Gesetzesbegriff des Urhebers und erschöpft sich auch nicht in ihm. Die Vokabel „Urheber" besagt für den Film zu viel und zu wenig. Das neue Gesetz sollte, statt vom Urheber des Filmwerks, vom Träger des UR am Filmwerk sprechen. Dann entspräche der Rechtsbegriff der Stellung des Filmherstellers. Die Filmurheberschaft wäre als Frage nach dem originären Rechtsträger des Films gestellt. Der Fragestellung entspräche die Antwort: originärer Träger des UR am Film ist dessen Hersteller (Unternehmer).

c) Wird der Urheberbegriff durch den Begriff des originären Rechtsträgers erweitert, so stellt sich die Frage, ob der Gesetzgeber den Urheberbegriff allgemein durch den Begriff des originären Rechtsträgers ersetzen (definieren) oder ob er den Begriff des originären Rechtsträgers nur mit Geltung für den Film und gegebenenfalls noch für andere Formen eines organisationsgebundenen Kollektivschaffens zulassen will.

Schon für das geltende Recht laufen die Begriffe Urheber und originärer Rechtsträger zusammen[87]). Im Kanadischen Urheberrechtsgesetz wurde eine solche Fassung sogar ausdrücklich gewählt: „L'auteur d'une œuvre est le premier titulaire du droit d'auteur sur cette œuvre[88])." Aber der derzeitige Gesetzesbegriff ist noch immer auf Formen der Einzelschöpfung bezogen. Im neuen Gesetz wäre der Begriff des originären Rechtsträgers entweder n u r (Sonderbegriff) oder a u c h (allgemeiner Begriff) auf Formen des Kollektivschaffens zu beziehen.

Der Urheber ist ein originärer Rechtsträger. Würde allgemein von einem originären Rechtsträger gesprochen werden, so hieße das, daß das UR an einem Werk in der Person (natürliche oder juristische Person) des Trägers dieses Rechtes entsteht. Der Begriff des originären Rechtsträgers würde Einzel- und Kollektivschöpfungen gemeinsam umschließen.

Eine solche Behandlung wäre konsequent. Im Rahmen des allgemeinen Begriffes wären, wie bisher, Einzelschöpfungen und, wie bisher noch nicht, Werke des Kollektivschaffens unterzubringen. Statt nach

---

[87]) Siehe R o e b e r in: Ufita Bd. 18 (1954), S. 299.
[88]) Droit d'auteur. 1954, S. 145 (Ziffer 12 Abs. 1 des Gesetzes).

Lösungen unter Verwendung eines lediglich auf die Einzelschöpfung abgestellten Urheberrechts zu suchen, ergäbe sich die Lösung für das Filmwerk bereits aus dem generellen Begriff.

Sollten jedoch rechtspolitische Überlegungen dafür sprechen, daß an der Vokabel „Urheber" festgehalten wird, so hätte der Gesetzgeber die Möglichkeit, innerhalb des Urheberbegriffs zwischen Urhebern von Einzelschöpfungen und Urhebern von Werken des Kollektivschaffens zu unterscheiden und den spezifischen Charakter der Urheberschaft an Werken des Kollektivschaffens in der Weise zum Ausdruck zu bringen, daß er mit Geltung für Werke der letzteren Art vom originären Rechtsträger spricht.

Mit der Formulierung vom originären Rechtsträger und der inhaltlichen Bestimmung, daß der Filmhersteller der originäre Träger des UR am Filmwerk ist, hätte der Gesetzgeber die sonst nur im Fiktionswege lösbare Filmurheberschaftsfrage im Rahmen des Urheberrechts begriffsorganisch und zugleich sachgerecht geregelt.

IV. Folgerungen für die Rechtsform

Die vorliegenden Betrachtungen hatten sich zur Aufgabe gesetzt, die Probleme der Filmurheberschaft aus der Realität des Sachvorgangs zu entwickeln. Dadurch wird es möglich, die Problemlage konkret zu bestimmen, und die Lösungen werden sachgerecht. Wenn sich zeigt, daß Rechtsbegriffe den Gegebenheiten und Erfordernissen des Sachvorgangs entgegenstehen, ist es Aufgabe der Rechtsreform, solche Rechtsbegriffe der Realität des Sachvorgangs nachzubilden, nicht aber, wie eine abstrakte Begriffsmethodik vermeint, die Realität des Sachvorgangs rechtsbegrifflich umzudeuten. Eine Lösung wird nicht dadurch richtiger, daß sie mit dem Anspruch auftritt, „urheberrechtlicher" Betrachtungsweise zu entsprechen, wenn sie durch eine solche Betrachtungsweise dem Begriff die Sache opfert. Am Film wird, über die eigenen Begriffsprobleme der Filmurheberschaft hinaus, der allgemeine Urheberbegriff selbst zu einem Problem der urheberrechtlichen Begriffsbildung.

An Grundüberlegungen zur Rechtsreform ergibt sich für die Behandlung und Lösung der Filmurheberschaftsfrage zusammenfassend folgendes:

1. Der Filmwerkbegriff ist so auszugestalten, daß ihm alle bekannten und zukünftigen Erscheinungsformen der Kinematographie eingegliedert werden können. Dafür bedarf es weniger einer inhaltlichen als einer formellen Begriffsabgrenzung. Es wird genügen, wenn der Gesetzgeber schlechthin von „Filmwerken" spricht. Inhaltliche Begriffsbestimmungen in der Art des geltenden Rechts können sich, auch

wenn sie dem heutigen Stande der kinematographischen Erscheinungsformen voll entsprächen, für die Folgezeit als zu eng erweisen. Im Zweifel mag die Rechtsprechung entscheiden, was unter „Filmwerk" im Rechtssinne zu verstehen ist.

2. Der Rechtsbegriff hat das Filmwerk in seinem tatsächlichen Bestande als synchronistische Werkeinheit von Bild und Ton sicherzustellen. Die im Film enthaltene Musik ist Bestandteil des Werkes und gehört dem Filmwerkbegriff zu.

3. Die Filmurheberschaft wurzelt ausschließlich im filmeigenen Werkschaffen, als dessen Ergebnis ein von den filmisch benutzten Werken tatsächlich und rechtlich unterschiedenes Werk eigener Art entsteht. Am filmisch benutzten Werk besteht Verfilmungsschutz. Am Filmwerk besteht Filmschutz. Drehbuchverfasser und Komponist gehören zum Personenkreis der filmisch benutzten Werke und scheiden für den Personenkreis der Filmurheberschaft aus. Sie schaffen Werke mit anderen als den filmeigenen Formgebungsmitteln, aber weder einzeln noch gemeinsam ein Filmwerk.

4. Das Urheberrecht entsteht mit dem Filmwerk im Bereiche des filmischen Werkschaffens. Das Urheberrecht ist ein solches am filmischen Gesamtwerk. Durch Formen einer Miturheberschaft kann in der Person der Filmschaffenden ein Gesamturheberrecht nicht begründet und kann die Einheit des Urheberrechts am Filmwerk nicht gewahrt werden. In der Person der Filmschaffenden entstehen lediglich Urheberrechte an Einzelleistungen, die zwar für die Entstehung eines filmischen Gesamtwerkes erbracht werden, sich aber der Kategorie und dem Grade nach voneinander unterscheiden und auch noch im Gesamtwerk als Einzelleistungen erkennbar sind.

5. Der Urheberbegriff ist dahin zu revidieren, daß er auch für Werke eines organisationsgebundenen Kollektivschaffens anwendbar wird. Die Filmurheberschaft stellt nur einen Sonderfall des allgemeinen Urheberproblems dar. Die Filmurheberschaftsfrage wäre entweder in Anwendung oder als Sonderfall eines neu gebildeten Urheberbegriffs, und nicht als Ausnahmefall eines entgegengesetzten Prinzips, zu regeln. Im Sinne einer solchen Begriffsbildung ist der Filmhersteller nicht fiktiver, sondern echter Träger eines Urheberrechts.

FSC
www.fsc.org
MIX
Papier | Fördert gute Waldnutzung
FSC® C083411

Kolibri 360 GmbH
Ferdinand-Jühlke-Straße 7
99095 Erfurt, Deutschland
produktsicherheit@kolibri360.de